図解

スタートアップ企業の経理入門

STARTUP

公認会計士 新井啓史 著

ARAI Hiroshi

中央経済社

はじめに

本書は，主にスタートアップ企業，ベンチャー企業で働くことになった，または働くことを考えている経理の初心者の方向けに，経理の実務の基礎を解説する入門本です。

「スタートアップ企業」という言葉は，「ベンチャー企業」と同じ意味で使われることもありますが，ベンチャー企業と比べてより革新的なビジネスモデルが柱であること，より短期での成長とゴールを目指すことなどが異なります。本書は，スタートアップ企業を想定しながらも，ベンチャー企業など成長を意識する中小企業に幅広く対応する内容としており，これらの企業をまとめて「スタートアップ」と記載しています。

本書は，「経理の実務」，「経理のテレワーク」，「経営計画，資本政策，EXIT」の3部構成です。「経理の実務」では，スタートアップの経理実務で出会う基本的な項目を解説しています。随所で「効率化のポイント」として業務効率化のアイデアも記載しています。「経理のテレワーク」では，経理のテレワーク推進のために何をすべきかを，業務効率化にもふれながら解説しています。「経営計画，資本政策，EXIT」では，経理担当者が押さえておきたいスタートアップならではの論点として中期経営計画や資本政策，EXITとしてのIPOやM&Aの基本を解説しています。

本書は，スタートアップで働くうえで大事な項目に絞ってその基本を解説しています。簿記の基礎や，それぞれのトピックの詳細については，この本の内容を足がかりに，より詳しい書籍などからも学んでいただくことをお勧めします。

本書が皆さんのスタートアップでの業務の一助となり，今後の活躍の土台作りに貢献できることを願っております。

2021年8月　　　　公認会計士　新井　啓史

目　次

経理の実務

経営計画，資本政策，EXIT

Chapter 1

経理の基礎知識

スタートアップの経理を担当する場合，さまざまな役割を担うことになります。まずは経理業務の基礎知識を確認しましょう。

Chapter 1

1-1 経理の仕事とは

経理の仕事とは，一言で言えば「会社のお金を適切に記録し，管理すること」です。

お金は，会社の血液とよくたとえられます。会社は，日々の取引におけるお金のやりとりを通じて運営され，成長します。このお金が不足すると，最悪の場合は会社が倒産することにもつながります。このため会社では，会社にはどれくらいのお金（資産）があり資金繰りはどうなのか，日々の取引でどれくらい売上，費用，利益が上がっているか，を把握することが重要となります。

経理の主な仕事は，このために，①入金・出金を管理して現金収支を把握し資金繰りを調整することや，②日々のさまざまな取引を正確に記録して管理することであるといえます。

では，日々の取引にはどのようなものがあるでしょうか。商品販売やサービスの提供（会社や一般消費者），商品の仕入，さまざまなサービスの利用，従業員や役員の給与支払や経費精算，税金や社会保険料の納付など，いろいろな取引があります。この取引の種類や数は，会社の成長とともに大きくなります。経理では，このさまざまな取引を，「簿記」の決められたルールに従って帳簿に記録します。

また，「決算」も経理の重要な仕事の１つです。会社では１年間の終わりに，会社の資産や負債の状況や，会社の１年間の損益の状況を「決算書」にまとめて報告する必要があります。この決算は，月次や四半期などで行うこともありますが，いずれもその期間における経理の仕事のまとめといえる重要なものとなります。

経理の仕事とは

■入金・出金の管理，資金繰りの調整

お金を受け取ったり支払ったりするごとに記録，管理を行い，残高を正確に把握する。「出納業務」とも呼ばれる。現金，預金通帳や小切手，手形などの現物も管理する。また，資金不足に備え，資金繰りを調整する。

■さまざまな取引の記録・管理

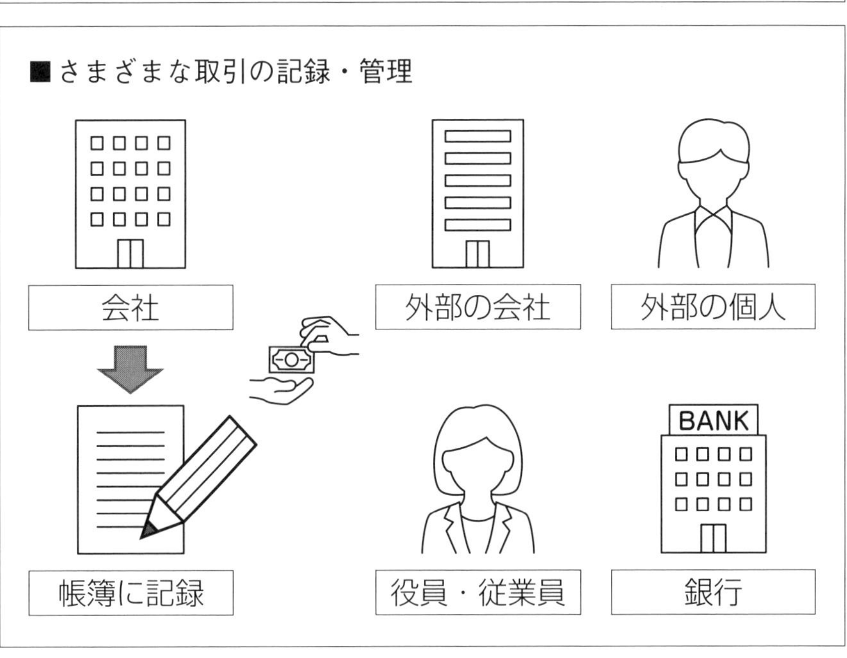

Chapter 1

1-2 経理の心構えと役割

経理にもっとも必要な心構え，それは「正確第一」です。

スタートアップでは，資金繰りも不安定なことが多く，経理の仕事であるお金の記録・管理がきわめて重要となります。経理が正確にお金を記録・管理することで，会社の資金不足を避けることができます。そして資金調達をするうえでは，金融機関や投資家に帳簿や決算書を開示することもあります。それらが正確でない場合，会社が正しく評価されませんし，資金を出してもらえないこともあります。

お金の支払においても，正確な期日や金額により支払を行う必要があります。外部の取引先はもちろん，社内の従業員などにも，いい加減な支払をすることは相手からの信用を失うことにつながります。

さらに，経営者が売上や利益を通じて会社の状況を正確に知ることで，正しい経営判断を行うことができます。

経理を担当するうえでは正確さを常に意識して仕事を進めましょう。

また，スタートアップは資金的余裕もなく，社員も少人数であることがほとんどです。大きな会社であれば経理部門だけで多数の人員が配置されますが，スタートアップの場合，経理部門は一人だけ，ということも珍しくありません。それだけでなく，人事，総務，法務，時には経営企画など，バックオフィスの管理業務全般の役割を経理担当者が担うこともあります。

会社の規模が小さいことから業務量も少ないとはいえ，さまざまな仕事を自分一人でやり遂げる必要があります。それぞれが重要な仕事ですので，一通り理解をしておきましょう。

スタートアップでの経理の役割，メリット

正確第一！

■スタートアップの経理の役割

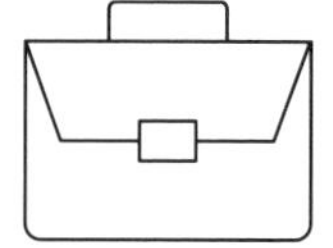

総務

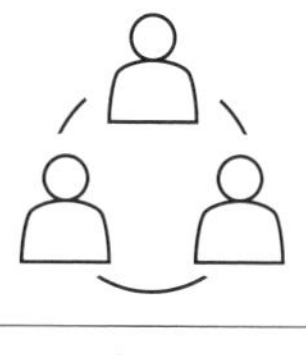

人事

法務

経理・・・・

以外も！

経営企画

■スタートアップで経理の仕事をするメリット

○少人数のため，責任ある立場につきやすい
○経理だけでない，幅広い業務を経験できる
○企業の成長に応じたさまざまな業務を経験できる
○一から業務を構築できる

Chapter 1

1-3 日次，月次，年次の仕事

経理の仕事は，時期や頻度に注目すると，「日次の仕事」「月次の仕事」「年次の仕事」に分けることができます。役員からの指示や，従業員からの相談など，突発的な仕事もありますが，経理の仕事は基本的には業務内容，期限や作業時期が決まっています。また，決算などで忙しい時期には負担が重く，日常業務もミスをしがちです。スケジュール管理とタスク管理をしっかりすることで，漏れなく遅れず正確に仕事をしましょう。

●日次の仕事

日次の仕事は，日々のお金の管理や取引の記録・管理など，経理の仕事の基本であり中心となるべきものです。たとえば，手持ち資産としての金庫の中身の管理や，会社に届いた請求書の確認，銀行の窓口やインターネット上での支払手続・入金確認，届いた請求書等の紙資料の整理などを行います。発生した取引については，帳簿への記録も行います。

●月次の仕事

月次の仕事には，役員・従業員への給与の支払や経費の精算，取引先への売上の入金管理，請求書の発行，さまざまな費用の支払などがあります。また，その月のまとめとして，月次試算表を作成し，経営者に報告することも重要な仕事です。給料であれば25日支払，月次試算表であれば月初5営業日以内など，期限や作業時期が決まっていることがほとんどです。

●年次の仕事

年次の仕事には，年度末決算書の作成と，そのための棚卸，決算作業，年末調整や，確定申告と納税などがあります。これもほとんどが期限や作業時期が事前に決まっています。**1-4**で詳しく説明しています。

月次試算表の作成例

■月次試算表の例（一部分のみ記載）

月次試算表（貸借対照表）

202X 年 2 月 1 日～ 2 月28日

	前月残高	借方金額	貸方金額	当月残高	構成比
現金	10,000	4,000	5,000	9,000	0.13%
普通預金	5,000,000	1,000,000	900,000	5,100,000	72.61%
現金及び預金合計	5,010,000	1,004,000	905,000	5,109,000	72.74%
売掛金	1,000,000	1,200,000	1,000,000	1,200,000	17.08%
商品	500,000	220,000	200,000	520,000	7.40%
流動資産合計	6,510,000	2,424,000	2,105,000	6,829,000	97.22%
工具器具備品	200,000	0	5,000	195,000	2.78%
有形固定資産合計	200,000	0	5,000	195,000	2.78%
固定資産合計	200,000	0	5,000	195,000	2.78%
資産合計	6,710,000	2,424,000	2,110,000	7,024,000	100.00%

月次試算表（損益計算書）

202X 年 7 月 1 日～ 7 月31日

	前月残高	借方金額	貸方金額	当月残高	構成比
売上高	800,000	0	200,000	1,000,000	100.00%
売上高合計	800,000	0	200,000	1,000,000	100.00%
期首棚卸高	0	0	0	0	0.00%
商品仕入高	420,000	100,000	0	520,000	52.00%
期末棚卸高	0	0	0	0	0.00%
売上原価	420,000	100,000	0	520,000	52.00%
売上総利益	380,000	0	100,000	480,000	48.00%

効率化ポイント

PC やスマホアプリのカレンダーツール，タスク管理ツールなどで，スケジュール管理やタスク管理をすることが有効です。リマインダー機能なども便利ですので，活用しましょう。

1-4 年間スケジュール

それでは年間のスケジュールはどうなるでしょうか。右ページの表は，例として，日本でもっとも多いといわれる３月決算の会社の場合のスケジュール表を示したものです。

会計・税務，給与・保険関係でさまざまな業務がありますが，それぞれの業務の対象とする期間や実施時期が異なる点に注意してください。

会社が３月決算の場合は，決算書の作成や，法人税などの確定申告，株主総会なども，３月末までの１年を一区切りとして行われます。経理にとっての大きな仕事である決算作業は，３月～５月頃にかけて行い，法人税や消費税の申告納付の期限は，基本的に５月末となります。

労働保険の保険料は，３月末までの１年間を単位として計算されます。一方で，従業員の年末調整や給与支払報告書の提出，法定調書の提出など，12月末までの１年を一区切りとして行われる業務もあります。また，償却資産税は１月１日時点が基準日となりますし，支払報酬算定基礎届は４月～６月を算定対象としています。

それぞれ紛らわしく勘違いしそうになりますが，公的機関などを相手として報告や届出，納付などを行う重要なものとなります。勘違いやうっかりミスでやるべき業務を忘れたり間違えたりしないように気をつけましょう。税理士や社会保険労務士などに相談し，いつ，どのタイミングで何をすべきかを確認しておくとよいでしょう。

これらのほかに，**1-3**で説明したような日次の業務，月次の業務がありますので，しっかりスケジュールとタスクを管理しましょう。

年間スケジュール

■「3月決算」の会社の場合の，年間スケジュール（例）

<table>
<tr><th></th><th>会計・税務</th><th colspan="2">給与・保険関係</th></tr>
<tr><td>1月</td><td>【提出】法定調書
【申告】償却資産税
【納付】源泉所得税（特例適用無しの場合は毎月）</td><td colspan="2">【提出】給与支払報告書</td></tr>
<tr><td>2月</td><td></td><td colspan="2"></td></tr>
<tr><td>3月</td><td>【実施】年度末棚卸</td><td colspan="2">【確認】健康保険料率改定</td></tr>
<tr><td>4月</td><td rowspan="2">【実施】決算，決算書作成
【確定申告】法人税・住民税，消費税</td><td colspan="2">【確認】雇用保険料率改定</td></tr>
<tr><td>5月</td><td colspan="2"></td></tr>
<tr><td>6月</td><td>【報告】株主総会（6月開催の場合）
【確認】住民税改定</td><td>【提出】賞与支払届（6月賞与の場合）</td><td rowspan="2">【申告】労働保険の年度更新</td></tr>
<tr><td>7月</td><td>【納付】源泉所得税（特例適用無しの場合は毎月）</td><td>【提出】支払報酬算定基礎届</td></tr>
<tr><td>8月</td><td></td><td colspan="2"></td></tr>
<tr><td>9月</td><td></td><td colspan="2">【確認】社会保険料の定時決定</td></tr>
<tr><td>10月</td><td rowspan="2">【中間申告】法人税・住民税，消費税（年1回の場合）
【受領】年末調整の申告書類</td><td colspan="2"></td></tr>
<tr><td>11月</td><td colspan="2">【受領】扶養控除等（異動）申告書</td></tr>
<tr><td>12月</td><td>【実施】年末調整</td><td colspan="2">【提出】賞与支払届（12月賞与の場合）</td></tr>
</table>

1-5 証憑の種類

経理の仕事では，「請求書」や「領収書」といった書類を取引ごとに処理することになります。これらのような，取引内容や取引条件が記載され，取引の証拠となる書類のことを，「証憑」（しょうひょう）と呼びます。「商標」や「証票」と紛らわしいですが，特に経理の世界ではよく使う言葉ですので覚えておきましょう。

証憑は，大きくは，社外の第三者が発行したものと，社内で発行したものに分けられます。一般的には，社外の第三者が発行したもののほうが，証拠力は強いと考えられます。これは，社内で発行したものの場合，会社に都合のよいように作成することも容易であるためです。

証憑は，取引の際には可能な限り相手から入手するように，また相手にも提供するように心がけてください。業界によっては証憑を交わさない慣習もあります。しかし，取引相手とお互いが証憑を入手することで，取引条件があいまいなことによるトラブルを避けられます。また，仮にトラブルになっても，証憑は実際に行われた取引を示す重要な材料となります。適切な証憑を提供することは，相手からの信用の獲得にもつながります。税務調査や，会計監査においては，帳簿の記録が適切かを確かめる際に求められる書類でもあります。

証憑は，税法上や会社法上などで保存期間が定められています。たとえば法人税法上では，帳簿と証憑となる書類について，その年度の確定申告書の提出日の翌日から原則として７年間（10年間となる場合もあり）保存することが求められています。整理整頓を心がけ，１日の終わりまでには必ずファイリングし，漏らさず確実に保管しましょう。

いろいろな証憑

■主な証憑の一覧

証憑	説　明
契約書・覚書	契約締結の際に作成。取引内容や取引条件について，当事者の双方の合意を示す。
注文書・発注書	サービスや商品を注文する際に発行。サービスや商品の種類・数量・代金などを示す。
請求書	代金を請求するために発行。代金と，支払期限など支払のための情報を示す。
納品書	サービスや商品を提供した際に発行。提供したサービスや商品の種類や数量などを示す。
検収書	サービスや商品の提供を受けたのち，受け手がそれらに問題がなかったことを確かめた際に発行。
領収書	サービスや商品を提供し代金を受領した際に発行。
給与支払明細書	従業員に対して給与を支払った際に発行。
出勤簿	出退勤の記録。給与の支払の根拠となる。
預金通帳	銀行が預金口座について発行。預金の残高などを示す。

※証憑は法令で保存期間が決められることがある。たとえば法人税関連の帳簿や書類は，事業年度の確定申告書の提出期限の翌日から7年間である（2018年4月1日以後に開始する欠損金発生事業年度は10年間）。会社法上，会計帳簿や主な決算書，議事録等は10年間が多い。

効率化ポイント

契約書や請求書，検収書などの書類は取引量に応じてきわめて多数になり，管理が大変です。契約書管理や請求書管理を助けるソフトを活用しましょう（**11-4**参照）。

1-6 帳簿の種類

経理の仕事では会社のさまざまな取引を帳簿に記録していくことになります。この帳簿は大きく分けて「主要簿」と「補助簿」があります。

主要簿とは,「仕訳帳」と「総勘定元帳」のことです。これらは必ず作成しなければなりません。仕訳帳には,会社の取引を発生した順番に記録します。総勘定元帳には,会社の取引を勘定科目別に記録します。最終的な目標である決算書はこの主要簿を基本として作成します。

補助簿は,必要に応じて作成する帳簿です。主要簿を補完する役割であるといえ,会社ごとに作成する補助簿は異なります。代表的なものとして,現金の出入りを管理する「現金出納帳」,預金の出入りを管理する「預金出納帳」などがあります。

「伝票」を使う会社もあります。仕訳帳の代わりとなるもので,1つの取引が,仕訳として一枚の紙の伝票に記録されます。会社の各担当者が作成し,経理担当者がまとめて処理することで,作業分担ができます。現金の入出金があったときの「入金伝票」・「出金伝票」,現金以外の取引があったときの「振替伝票」などがあります。

これらの帳簿は,昔は手作業で転記していましたが,いまでは会計ソフトをつかうことで自動的に作成することができます。仕訳を入力すれば仕訳帳や総勘定元帳まで作成されますので,転記の時間が短縮され,転記ミスもなくなりました。

その他社内資料として,スタートアップでは「資金繰り表」を作成することも有効です。資金の動きを知り,分析,検討を行うことで,将来資金不足に陥らないように対策を立てます。

主要簿・補助簿・伝票

■主要簿　必ず作成！

仕訳帳	取引を発生順に記録
総勘定元帳	取引を勘定科目別に記録

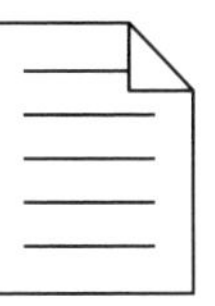

情報を補完

■補助簿の例
会社によって必要なものを作成する

現金出納帳	現金の取引による出入りを管理
預金出納帳	預金の取引による出入りを管理
得意先元帳	得意先（売上の相手）ごとに売掛金を管理
仕入先元帳	仕入先（仕入の相手）ごとに買掛金を管理
固定資産台帳	固定資産ごとにその情報を管理

■伝票　会社によっては使うところもある。作業分担が可能。

入金伝票	現金の入金の取引
出金伝票	現金の出金の取引
振替伝票	現金以外の取引
仕入伝票	買掛金による仕入取引
売上伝票	売掛金による売上取引

効率化ポイント

会計ソフトを使えば，仕訳入力だけで主要簿や補助簿などを自動的に作成することもできます（**1-7**参照）。

仕訳帳と総勘定元帳の例

■仕訳帳の例

仕訳帳

202X年6月1日～6月30日

仕訳No.	取引日	借方勘定科目	借方補助科目	借方金額	貸方勘定科目	貸方補助科目	貸方金額	摘要
1	6/1	消耗品費		5,000	未払金		5,000	プリンタインク購入
2	6/3	通信費		20,000	普通預金	○○銀行	20,000	本社オフィス通信費
3	6/4	地代家賃		300,000	普通預金	○○銀行	300,000	本社オフィス家賃
4	6/8	旅費交通費		30,000	未払金		40,000	社長　札幌出張　航空機代
		旅費交通費		10,000				社長　札幌出張　ホテル代
5	6/10	普通預金	○○銀行	100,000	売掛金	○△社	100,000	○△社売掛金回収
6	6/10	普通預金	○○銀行	120,000	売掛金	××社	120,000	××社売掛金回収

「借方」の科目・金額を記載　　「貸方」の科目・金額を記載

○取引日は，取引があった日付を記載する（「仕訳を入力した日」ではないことに注意）。

○一つの仕訳で借方金額と貸方金額は一致することになる。

○すべての仕訳の借方金額の合計金額と，貸方金額の合計金額は一致することになる。

■総勘定元帳の例

総勘定元帳（普通預金）

202X年6月1日～6月30日

仕訳No.	取引日	補助科目	相手勘定科目	相手補助科目	摘要	借方金額	貸方金額
					前月繰越	1,000,000	
2	6/3	○○銀行	通信費		本社オフィス通信費		20,000
3	6/4	○○銀行	地代家賃		本社オフィス家賃		300,000
5	6/10	○○銀行	売掛金	○△社	○△社売掛金回収	100,000	
6	6/10	○○銀行	売掛金	××社	××社売掛金回収	120,000	

○総勘定元帳は取引を勘定科目別に分類している。

○上の例は6月の普通預金。仕訳帳の普通預金の動きと整合する。

資金繰り表の例

■資金繰り表の例

資金繰り表

202X 年 2 月

		202X 年 2 月
前月繰越		2,000,000
営業収支		
収入		
	売掛金回収	1,000,000
支出		
	買掛金支払	10,000
営業収支計		990,000
投資収支		
収入		
	配当金受取	5,000
支出		
	備品購入	400,000
投資収支計		−395,000
財務収支		
収入		
	新規借入	1,000,000
支出		
	支払利息	500
財務収支計		999,500
収入合計		2,005,000
支出合計		410,500
収支合計		1,594,500
当月末残高		3,594,500

○資金繰り表は特に定まった形式はない。

○予算値と並べて比較する方法もある。

1-7 会計ソフトの活用

昔の経理業務といえば手書きの帳簿がベースでしたが，現在は会計ソフトを使っている会社がほとんどです。特にスタートアップの場合は会社としての歴史が浅いこともあり，新しい会計ソフトを使っていることも多いと思います。しかし，もしも手書きの帳簿を使っているようであれば，会計ソフトを導入してみることがお勧めです。

会計ソフトを使えば，経理業務のかなりの部分をパソコン上で行うことができ，また自動化してくれることとなります。手書きの場合，仕訳帳に記録し，総勘定元帳に転記し，試算表を作成し，決算書を作成，という一連の流れの中で，何回も手作業で転記を行わなければなりません。しかし，会計ソフトを使えば，仕訳入力（伝票入力）さえ行えば，総勘定元帳，試算表，決算書までを自動作成してくれます。このため，手間もかからず，転記ミスもなくなります。

会計ソフトには，パソコンにインストールして使うインストール型会計ソフトと，インターネット上でソフトを利用するクラウド型会計ソフトの２種類があります。インストール型の利点は，オフラインでも問題なく使える点，開発の歴史が長く多機能であり，複雑な処理にも強い点が挙げられます。クラウド型会計ソフトの利点は，ネット環境がありサーバーにアクセスできればどこでも作業ができる点や，法改正対応などバージョンアップが自動で行われる点，簿記や経理の初心者でも比較的使いやすい点などが挙げられます。スタートアップは中小規模で仕訳もシンプルなことが多いため，クラウド型の機能でも十分なことが多いです。無料体験ができるものもあるので，いろいろと試して選んでみてください。

会計ソフトのメリットと種類

■会計ソフトのメリット

帳簿の自動作成	○仕訳や伝票の入力により，総勘定元帳，試算表，決算書，現金出納帳などの帳簿までを自動作成してくれる。転記の手間がなく，ミスもなくなる。
計算ミスや記入ミスが少なくなる	○基本的に自動集計をしてくれるため，計算ミスがなくなる。 ○仕訳の借方と貸方の金額が合っていない場合などにエラーが表示されるので記入ミスも少なくなる。
仕訳入力を助けてくれる	○会計ソフトによっては，仕訳データなどのExcelファイル（csvファイル）を取り込んで一括で入力してくれる機能もある。 ○金融機関のインターネットバンキングと連携させることで，預金の取引明細を取り込んで，仕訳まで作成してくれるような会計ソフトもある。 ○仕訳の入力履歴をもとに，勘定科目を自動提案してくれる会計ソフトもある。

■会計ソフトの種類

インストール型	○オフラインでも問題なく使える。 ○複雑な処理に強い。 ○操作感が複雑な傾向がある。
クラウド型	○ネット環境があればどこでも作業可能。 ○法改正対応などバージョンアップが自動。 ○操作がシンプル。 ○複雑な処理に向いていないことがある。

Chapter 1

1-8 印鑑の基礎知識

経理担当者が扱う証憑には，印鑑を押すものも多くあります。印鑑には，いくつかの種類がありますが，書類によってどれを押すかを決めていることが一般的です。

契約書などの重要書類への押印は「代表者印（実印）」が使われます。これは，印鑑登録の届出をした印鑑です。会社や代表取締役の責任をもっともよく示す印鑑でもあり，会社としてもっとも重要な印鑑といえます。

銀行とのやり取りに用いるのは，銀行口座の届出印である「銀行印（銀行届出印）」です。通帳とともに持ち出された場合は銀行預金が勝手に引き出されかねませんので，重要な印鑑といえます。

経理担当者が普段，請求書や領収書などに押す印鑑は，「角印（社印）」です。特に届出は不要であり，個人の認印に近いものです。その他，封筒などには住所が書かれたゴム印を押すことも多いでしょう。

会社の印鑑は重要なものです。紛失や盗難があってはなりません。それぞれの印鑑の管理担当者を決め，金庫に厳重に保管しましょう。

また，会社の印鑑以外に経理担当者の個人印も，社内書類を作成した際などに押すことがあります。これは，他の担当者の作成物を確認・承認したことの証拠として押すこともあります。

印鑑は昔から官公庁，民間企業で使われてきました。しかし，2020年6月，政府は契約書への押印が必ずしも必要ではないとの見解を示しました。押印のためだけに会社に行かなければならない，という状況は変わってきています。押印を省略できるものや，ペーパーレスにより紙自体を廃止できるものを探してみることも大事です。

印鑑の種類と印影

■印鑑の種類

代表社印（実印） 印鑑登録の印で重要書類（契約書等）に使用 	**銀行印（銀行届出印）** 銀行口座の届出印で銀行口座関連のやりとりに使用 
角印（社印） 届出は不要で請求書や領収書などに使用 	**ゴム印（社判）** 封筒などに使用 手書きの代替 〒×××－×××× 東京都○○区○○ 株式会社○☆△□ 電話番号 03－××××－×××

■個人印

承認や確認の証拠として押印することもある。

たとえば，担当者が書類を作成後，作成完了の際に押印。その後，責任者や別の担当者が確認のうえで押印することがある。

振替伝票

年　月　日

No.＿＿＿＿

承認印	再鑑印	検印	係印
		鈴木	佐藤

金　額	借方科目	摘　要	貸方科目	金　額

効率化ポイント

電子署名（電子サイン），電子契約のサービスを活用しペーパーレス化を図ることで，実際に押印や署名をせずに手続を進めることも可能となります（**11-4**参照）。PDF ファイルなど電子データの契約書をインターネットを介してやりとりし，サーバーに保管するため，契約にかかる時間やコストの削減にもつながります。

コラム ミスを避けるためには

経理の業務はお金を扱う仕事。ミスが許されません。といってもミスをしてしまうのが人間です。以下ではミスを避けるために気をつけた方がよい点を紹介します。工夫して乗り切りましょう。

1,000,000,000円

①金額は 3 桁ごとにカンマを入れて丁寧に！

「100000000円」とあると，何円なのかはパッとは分かりません。しかし「100,000,000円」と 3 桁ごとにカンマを入れると分かりやすくなります。さらに「1,000円」＝ 1 千円，「1,000,000円」＝ 1 百万円，「1,000,000,000円」＝10億円と覚えると，桁数の多い数でも一目で分かるようになります。桁間違いのミスも少なくなります。なお手書きのときは，数字を丁寧に書くことも大事です！

②証憑をもらったときに，誤りがないことを確かめる

証憑を受け取ったら，まず内容が正しいかどうかを確かめましょう。金額や内容が不自然な場合は，社内や社外の担当者に直接質問するなどして確かめましょう。

③自己チェックや再チェック

転記ミス，記入ミス，計算ミス，集計ミスなど意外と多くあるもの。作業を終えたら電卓や Excel を駆使して自己チェックをしましょう。上司など他の人に再チェックしてもらえばより一層有効です。

④過去のものと比べてみる

繰り返し行う業務では，過去の仕訳や資料と，金額や科目などを比べてみましょう。金額に大幅な差があったり，科目が違っているときなど，不自然なものを見つけやすくなります。

Chapter 2

現金・預金関係

現金や預金は会社にとっての重要な資産です。また，小切手や手形は普段の生活ではなじみがないものでしょう。基本的な管理や処理の方法を押さえておきましょう。

Chapter 2

2-1 現金の管理

会社では，売上や仕入などの取引のほか，日々の経費の仮払い，備品の購入や宅配便などの支払で毎日お金が動きます。これらに備えて少額の現金を経理で用意しておくことがあり，「小口現金」といいます。現金の管理は経理担当者の業務となります。実際の入出金から帳簿への記録までの正確かつ迅速な処理と，現金の現物の厳重な管理が必要です。

出金の際には，必ず領収書や伝票などの書類と引換えであることをルールとしましょう。受け取った書類は必ず内容に問題ないか，十分に確認しましょう。お金を渡した場合は，相手に金額の確認をしてもらったうえでサインや押印をもらうことが必要です。また，受け取った書類は必ずすぐにファイリングします。

現金の入出金があったときは，すぐに帳簿に記入します。時間をおかずにもれなく正確に記録することで，あとで現金の現物と帳簿で残高が合わないといったことを避けることができます。帳簿は仕訳帳や総勘定元帳だけでなく，「現金出納帳」という補助簿もよく使われます。これは現金の入出金を記録し現金の残高や取引内容を管理する帳簿です。

小口現金の管理には，小型の手提げ金庫がよく用いられます。金庫は整理整頓した机の上で使い，使わないときは必ず施錠します。使い終わったとき，離席するときは，鍵のかかる場所に保管しましょう。一日の業務の終わりには，金庫の中の残高を確認し（「現金実査」といいます），帳簿残高との一致を確かめます。この時，「金種表」という，お金の種類ごとの現金残高をまとめた表が役立ちます。残高が合わないときは，帳簿の中身や，原因を確かめて合わせるようにしましょう。

出金のルールと現金の管理

■出金は，書類と引換えがルール

■小口現金の管理

○無関係のものは金庫にいれない
○金庫を使うときは机の上を整理
○金庫を使わないときは必ず施錠
○離席時は金庫を施錠した場所に
○鍵の管理は厳重に
○紙幣と硬貨を過不足なく補充
○一日の終わりには現金実査
○金種表も活用
○現金実査では上司などがダブルチェックする

金　種　表

年　月　日現在

金　種	枚　数
10,000 円	
5,000 円	
1,000 円	
500 円	
100 円	
50 円	
10 円	
5 円	
1 円	
合　計	

確認 ＿＿＿＿＿

効率化ポイント

現金出納帳やそれと同等の帳簿は，会計ソフトを用いれば仕訳帳への記入だけで自動作成されます。また，そもそも小口現金を廃止することで，現金管理の手間を減らせます。従業員の立替精算，口座引落としや振込，法人クレジットカード決済を活用しましょう（**11-6**参照）。

2-2 預金の管理

多くの会社は，メインバンクとそれ以外の銀行の複数の銀行に口座をもっています。会社の取引のほとんどはこれらの口座を通して決済されます。会社のお金の動きのほとんどは，普通は預金に反映されますので，経理担当者は常にその動きと残高を知っておく必要があります。

会社の預金口座には複数の種類があります。よく使われるものは普通預金，定期預金，当座預金です。普通預金は皆さん個人の普通預金と同じで，銀行窓口やATMで手軽に預金や引出しができます。定期預金は満期があり，一定期間預けることで普通預金よりも有利な利息がつきます。これはお金の運用のためなどに使われます。当座預金は，小切手や手形の決済のための口座で，利息がつきません。また通帳が発行されず，当座勘定照合表が銀行から発行されます。

これらの通帳，キャッシュカード，証書や，銀行印は重要物ですので，厳重に保管します。通帳と銀行印は別々の場所に保管し，管理者も別々の人間にしましょう。不正の予防につながります。

預金の入出金を確認したときも，すぐに帳簿に記入します。「預金出納帳」という，預金の入出金を記録し預金の残高や取引内容を管理する補助簿も使われます。これは預金口座ごとに作ります。通帳がない当座預金は，「当座預金出納帳」で管理することが多くあります。

振込や振替の際は，金額や相手先のミスがないよう，細心の注意を払いましょう。なお，銀行の窓口に行く際は，「五十日」（ごとうび）と呼ばれる5の倍数の日（5，10，15，20，25日）と月末日には窓口がとても混雑するため，できるだけ避けるようにしましょう。

預金の種類，通帳と銀行印の管理

■預金の種類

普通預金	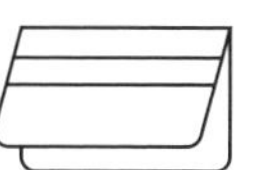	個人の普通預金と同じ。 窓口や ATM で簡単に入出金ができる。 通帳があり，利息もつく。
定期預金	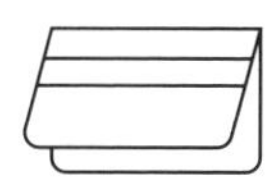	満期があり，一定期間預けることで普通預金よりも有利な利息がつく。 満期前の中途解約では利率が低くなる。
当座預金	当座勘定照合表	小切手や手形の決済のためのもの。 通帳がなく，当座勘定照合表が発行される。 利息がつかない。

■通帳と銀行印の管理

通帳と銀行印は
別々の人間が
別々の場所で
管理する！

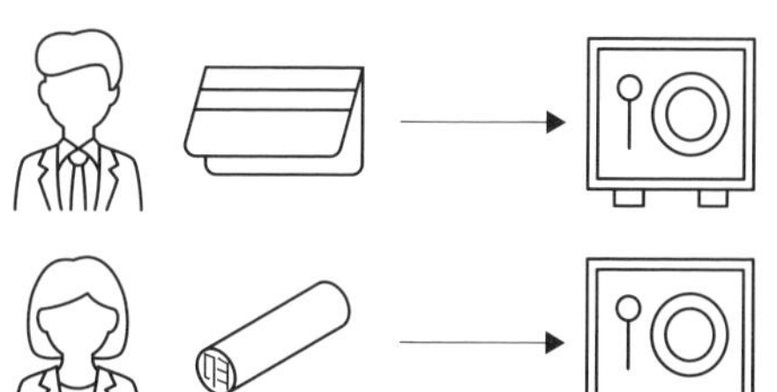

効率化ポイント

法人向けのインターネットバンキングは，銀行にわざわざ行く必要がなく，銀行が閉まっている夜間や土日でも利用できます。

また，会計ソフトが金融機関と連携可能な場合，口座明細を取り込んで仕訳を作成できるものもあります（**11-5**参照）。

Chapter 2

2-3 小切手の処理

小切手は，支払の際には現金の代わりに使うことができる有価証券で，いつでもすぐに現金化できるため「通貨代用証券」ともいわれます。このため，小切手を受け取った際の勘定科目は，「現金」となります。一方，小切手を渡す（「小切手を振り出す」といいます）ときの勘定科目は「当座預金」となります。

小切手は受け取る際には必ず不備がないか確認しましょう。そのうえで，なるべく早く（遅くとも振出日から10日目まで。振出日を含めて11日間）銀行に持っていき現金化しましょう。

小切手を振り出すには，銀行で当座預金口座を開設し，資金を預け入れたうえで小切手帳を購入して小切手を発行します。発行の際は当座預金残高があることを確認します。また控えを記入のうえで保管します。

一般社団法人全国銀行協会のウェブサイトで，手形や小切手の説明資料が公表されていますので，参考にするとよいでしょう。

小切手の受取時の仕訳

借方	貸方
現金　　50,000	売掛金　50,000

⇒

銀行に持ち込み，入金時の仕訳

借方	貸方
普通預金 50,000	現金　　50,000

小切手の振出時の仕訳

借方	貸方
買掛金　80,000	当座預金 80,000

小切手の見本と確認のコツ

■小切手の見本と確認のコツ

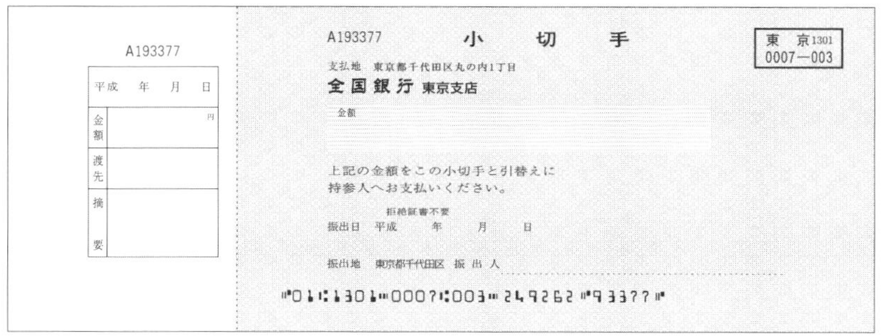
A193377
平成　年　月　日
金額　円
渡先
摘要

A193377　小　切　手
東　京1301
0007－003
支払地　東京都千代田区丸の内1丁目
全国銀行　東京支店
金額
上記の金額をこの小切手と引替えに
持参人へお支払いください。
拒絶証書不要
振出日　平成　年　月　日
振出地　東京都千代田区　振出人

出典：「手形・小切手の利用方法」一般社団法人　全国銀行協会ウェブサイト
https://www.zenginkyo.or.jp/education/free-publication/pamph/pamph-04b/download/

○金額は正確か。金額の頭には￥印（手書きでは「金」），末尾には☆や※印（手書きでは「也」）が付されているか。
○金額の記入はチェックライター（小切手や手形に金額など印字する専用器具）か，漢数字（一は壱，二は弐，三は参，十は拾）を使っているか。
○銀行が交付する統一小切手用紙か。
○振出人の署名・押印はあるか。
○振出日が記載されているか。
○こちらが振出の場合，会社控えに記入しているか（小切手左側の部分）。
○発行した小切手の会社控えは保管する。
○発行時，受取時の仕訳は忘れない。

効率化ポイント

小切手の管理，取扱自体に手間がかかります。小切手の使用を減らすこと自体が効率化につながります（**11-6**参照）。

Chapter 2

2-4 手形の処理

手形は小切手と同じく有価証券で，お金の代わりになります。小切手と似ている部分も多いのですが，支払期日にならないと現金化できない点が大きな違いです。手形を受け取った際の勘定科目は，「受取手形」となり振り出したときの勘定科目は「支払手形」となります。

手形を受け取る際も必ず不備がないか確認しましょう。そのうえで，なるべく早く（支払期日を含めた3日間以内）金融機関に持ち込まなければなりません。スケジュール管理が重要です。

なお「手形の割引」といって，支払期日より前に，支払期日までの利息分を差し引いた金額で銀行に買い取ってもらうこともできます。また「手形の裏書」といって，受け取った手形を他の取引先に渡して支払にあてることもできます。この時は手形の裏面に署名などをします。

手形を振り出すには，小切手同様，銀行で当座預金口座を開設し，資金を預け入れたうえで約束手形用紙を交付してもらいます。

手形の受取時の仕訳

借方	貸方
受取手形 90,000	売掛金 90,000

支払期日の到来後，入金時の仕訳

借方	貸方
普通預金 90,000	受取手形 90,000

手形の振出時の仕訳

借方	貸方
仕入 60,000	支払手形 60,000

支払期日の到来後，支払時の仕訳

借方	貸方
支払手形 60,000	当座預金 60,000

手形の見本と確認のコツ

■手形見本

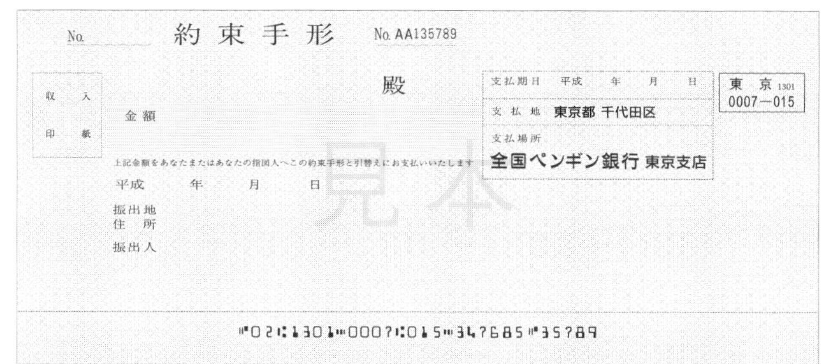

No.　約束手形　No. AA135789

殿

支払期日　平成　年　月　日

東京 1301
0007―015

収入印紙

金額

支払地　東京都 千代田区

支払場所
全国ペンギン銀行 東京支店

上記金額をあなたまたはあなたの指図人へこの約束手形と引替えにお支払いいたします

平成　年　月　日

振出地
住所

振出人

見本

出典：「手形・小切手の利用方法」一般社団法人　全国銀行協会ウェブサイト
https://www.zenginkyo.or.jp/education/free-publication/pamph/pamph-04b/download/

○金額は正確か。金額の頭には￥印（手書きでは「金」），末尾には☆や※印（手書きでは「也」）が付されているか。
○金額の記入はチェックライター（小切手や手形に金額など印字する専用器具）か，漢数字（一は壱，二は弐，三は参，十は拾）を使っているか。
○銀行が交付する統一手形用紙か。
○金額が10万円以上の場合，必要な額の印紙が添付され，消印があるか。
○振出人の署名・押印はあるか。
○受取人名・支払期日が正しく記載されているか。
○その他の記載内容（支払地，支払場所，振出地，振出日など）は適切か。

効率化ポイント

小切手と同じく手形の使用自体を減らすことが一番の効率化です。経済産業省も約束手形の利用廃止を目指す方針とされ，中小企業庁公開の「約束手形をはじめとする支払条件の改善に向けた検討会報告書」では，振込や電子的決済手段への切替を進めるべきとされています。できるかぎり他の決済手段を用いましょう（**11-6**参照）。

コラム 現金出納帳と預金出納帳

現金や預金の補助簿として使われる現金出納帳，預金出納帳の例は以下の通りです。会社によって形式や書き方が少しずつ異なります。会計ソフトがあれば，作りやすいでしょう。

分かりやすく書きましょう

現金出納帳

No.	月	日	摘　要	科目	入金	出金	残高
001	4	1	前月繰越		50,000		50,000
002	4	3	切手購入　84円50枚	通信費		4,200	45,800
003	4	17	出張旅費仮払い　○○課長	仮払金		40,000	5,800
004	4	17	現金補充	普通預金	94,200		100,000
005	4	24	コピー用紙　2,000枚	消耗品費		2,000	98,000
006	4	30	翌月繰越			98,000	
			合計		144,200	144,200	

一日の終わりに現金実査した金庫の残高との一致を確かめます

預金出納帳（○○銀行　○○預金口座）

No.	月	日	摘　要	科目	入金	出金	残高
001	4	1	前月繰越		450,000		450,000
002	4	7	A商品仕入れ　A会社	仕入		100,000	350,000
003	4	10	電気代	水道光熱費		30,000	320,000
004	4	25	家賃支払　5月分	地代家賃		200,000	120,000
005	4	25	預け入れ	現金	500,000		620,000
006	4	30	翌月繰越			620,000	
			合計		950,000	950,000	

すべての銀行，すべての口座について，預金通帳や，当座勘定照合表の残高との一致を確かめます

Chapter 3

経費の処理

経費の処理は経理の日常業務の中でも手間がかかるものです。また，場合によっては固定資産として計上すべきものもあります。経費の管理や処理方法を確かめましょう。

Chapter 3

3-1　立替経費の精算

「経費」は，会社が事業を行うために使った費用といえます。従業員が立て替えた経費の精算は，会社の支払の中でも多くを占めます。

従業員は経費を自分のお金で立替え払いし，領収書等を相手先から受領します。経理は従業員から提出された領収書等をもとに，その宛名・内容・金額・日付等を確認のうえで，その金額を従業員に支払います。金額の誤りがないか，会社の事業に関係あるものかには注意しましょう。

経費精算は，経費の発生ごとにする会社もありますが，月に１度，経費申請の締切日と支払日を設定して精算することも効率的です。たとえば１か月分の経費につき翌月初から２～３営業日目を締切日として領収書などを提出してもらい，期中に設定した支払日に１か月分をまとめて精算するイメージです。また，精算を現金の手渡しで行う会社もありますが，給与と同じように従業員に振込で支払うことが効率的です。

経費を精算したら，帳簿に入力します。会社ごとに勘定科目は少しずつ異なります。会社のルール（スタートアップでは一から作る場合もあります）や過去の仕訳を確認したうえで，正しい勘定科目を選びます。

経費精算を適切に行うためには，従業員への経費精算ルールの周知徹底が不可欠です。申請の締切日，宛名の記載（「上様」や「従業員個人名」ではなく，自社名でもらう），経費にできない場合（私用の買物など）のルールを周知しましょう。また，経費精算の申請入力フォームを作成し，必要な情報（内容・金額・日付・支払先等）を漏れなく正確に記入のうえで，領収書を添付して申請してもらうことも有効です。経費精算は従業員側も負担が大きいため，工夫してみましょう。

立替経費精算の仕訳，勘定科目

■立替経費精算の仕訳

立替経費精算の申請時の仕訳

借方		貸方	
旅費交通費	2,500	未払金	7,000
消耗品費	1,500		
交際費	3,000		

従業員への支払時の仕訳

借方		貸方	
未払金	7,000	普通預金	7,000

■経費の勘定科目の例

旅費交通費
電車代，バス代，出張のホテル代など

交際費
取引先との飲食代
贈答品や土産代など

消耗品費
少額のオフィス機器
文房具やインクなど

新聞図書費
新聞代，書籍購入代

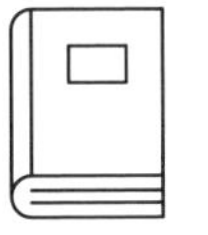

■従業員へのルールの周知徹底

○申請の締切日は厳守！
○領収書は必ずもらう。宛名と内容は正確に！
○経費は会社の事業に関係あるものだけ！

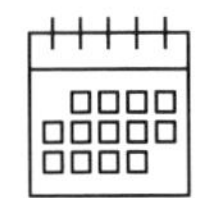

効率化ポイント

経費精算にもさまざまなソフトが提供されています。従業員がスマホで手軽に経費精算を申請できるものもあります。従業員側も負担軽減になるため，活用しましょう（**11-4**参照）。

3-2 経費精算の証憑

領収書は代金を受領したことを示す証憑です。会社は領収書を受け取ることもあれば渡すこともあります。サービスや商品の提供を受けて代金を支払ったときには領収書を受け取りますし，逆にサービスや商品の提供をした取引先から代金を受領した際には相手先に渡します。

経費の処理においては，宛名まで記載されたいわゆる領収書のほか，レシートや，クレジットカードの支払明細書，銀行振込の控えも支払の証拠になります。これらがない場合は，従業員に支払証明書に記載し，提出してもらいます。これは会社によって名称や形式が異なり，精算書，出金伝票などが使われることもあります。香典などの冠婚葬祭費や，電車やバスなどの交通費のようにもともと領収書が発行されないもののほか，領収書を紛失した場合などに使われます。冠婚葬祭費の場合であれば会葬礼状なども合わせて証拠として保管します。

特に使用頻度の高い交通費には「交通費精算」として専用フォームに記入してもらい，領収書の代わりとすることもあります。訪問先や，経路，交通機関などを記載してもらうものです。

精算が終わったら精算済みの領収書には，二重払いを防ぐために，「精算済み」などと書きましょう。また現金精算の場合は，従業員に現金受取りのサインももらいましょう。

提出された領収書のチェックは重要です。時間を取ってしっかりと確認しましょう。領収書の確認の結果，経費にできないと判断した場合は，その旨と理由を従業員に説明し，適切に経費申請をしてもらうようにしましょう。

領収書の確認，支払証明書・交通費精算書

■領収書の確認ポイント

○日付，金額が合っているか。
○宛名が自社名になっているか。
○会社の事業に関係ある支払か。
○但し書は適切なものか。
○筆跡など不自然ではないか。

領収書
様　No.
金額
但
年　月　日上記の金額正に領収いたしました
収入印紙　内訳
税抜金額
消費税

■支払証明書・交通費精算書の例と交通費の確認ポイント

領収書がないときは，支払証明書や精算書を使用

交通費は交通費精算書を使用することもある

支払証明書

支払日	20XX 年 4 月28日
支払先	○○交通株式会社
支払額	￥2,000
支払事由	△△株式会社訪問の際，会社からタクシー利用領収書紛失のため
支払者	営業部　○○　太郎
精算日	20XX 年 5 月15日

交通費精算書

申請者	部署　営業部
	氏名　○○　太郎

No.	日付	訪問先	目的	交通機関	出発地	到着地	片/往	金額
1	5 月28日	△△社	打合せ	JR	新橋	東京	片道	170
	合計							

○経路（タクシーであれば距離）と金額の関係がおかしくないか。
（経費精算ソフトで簡単に確認できる場合もある）
○定期代を支給している経路と重複経路での申請がないか。
○移動経路が不自然でないか。

3-3 仮払金の処理

「仮払金」とは，出張旅費や取引先との接待などの高額の立替支払について，従業員の負担になるため，前もって概算金額で従業員に渡すお金をいいます。業務が終わったらすみやかに実際の金額で精算します。

具体的な流れは次のとおりです。従業員は「仮払申請書」に記入し，自身の上司に承認を得たのち，経理担当者に提出します。経理担当者は，申請内容と，上司の承認があるかを確認のうえ，仮払金を従業員に支給します。従業員は対象業務が終了したらすみやかに「仮払金精算書」を記入し，上司の承認を得たのち，領収書を添付のうえで経理担当者に提出します。経理担当者は，仮払金精算書の記入内容，計算が合っているか，上司の承認があるかを確認し，仮払額と実払額の差額を精算します。現金で精算する場合は，受領印やサインをもらいます。

帳簿への入力は，仮払金の支給時と精算時に行うことになります。

仮払金の支給時の仕訳

借方	貸方
仮払金　200,000	現金　200,000

①精算時の仕訳（返金される時）

借方	貸方
旅費交通費 150,000 現金　50,000	仮払金　200,000

②精算時の仕訳（追加で渡す時）

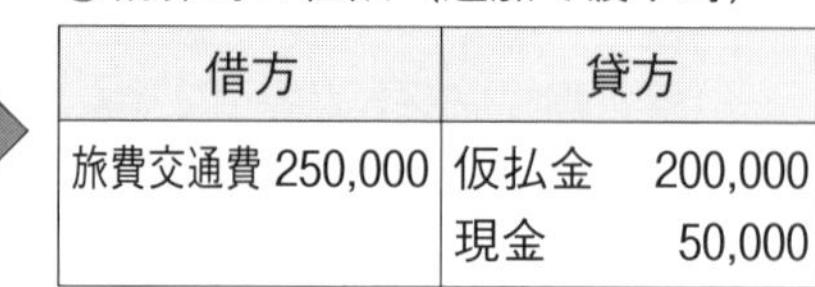

借方	貸方
旅費交通費 250,000	仮払金　200,000 現金　50,000

従業員への仮払金の流れ

■従業員への仮払金の流れ

①従業員から仮払申請書を受領

②仮払申請書を確認

③仮払金を支給

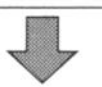

④仮払金の支給を帳簿に入力

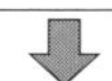

⑤従業員が対象業務を終了

⑥従業員から仮払金精算書を受領

⑦仮払金精算書を確認

⑧差額を精算する

⑨仮払金の精算を帳簿に入力

申請内容が適切か，上司の承認があるかなど確認

仮払申請書　　申請日　年　月　日

申請者	所属		氏名	

仮払日		精算予定日	
仮払金額			
目的			

上記のとおり申請します。

承認	経理	受領

金額の計算が正しいか，領収書との整合など確認

仮払金精算書　　申請日　年　月　日

申請者	所属		氏名	

No.	日付	内容	支払先	金額
			合計	

仮払金	
実費金額	
過不足金額	

申請者	承認	経理	精算

効率化ポイント

仮払申請，仮払金の精算も，経費精算ソフトを用いれば効率的に行えます。また，支払の際の法人クレジットカードの使用や，銀行振込の活用により，仮払自体の回数を減らしてしまうことが有効といえます（**11-6**参照）。

3-4 交際費の処理

「交際費」は，会社が得意先や仕入先などの仕事の関係者に対して，接待や慰安，贈答などのために支出した費用のことをいいます。

交際費は「費用」ですが，税金計算上の「損金」（税金計算上の費用であり，税金がかからない）にできるものには条件があります。支払った費用が交際費かどうかは会社の税金の額に影響するため，十分に注意して検討します。従業員へのルールの周知徹底も重要です。

損金にできる条件は，会社の資本金の額により決まります。まず，資本金1億円超100億円以下の企業では，交際費のうち，取引先との接待飲食費の50%は損金にすることができます。資本金1億円以下の企業では，「取引先との接待飲食費の50%」か「年間800万円」のいずれかを損金にするかを選ぶことができます（2022年3月31日までの措置とされています）。なお，2020年4月1日以後に開始する事業年度より，資本金100億円超の企業は，全額について損金にすることができなくなっています。

また，そもそも交際費となるかどうかも迷いやすいところです。社内での仕事の打合せのための飲食費は交際費にはならず「会議費」とします（社内役員や従業員の接待のためであれば交際費となります）。取引先との飲食費であっても1人当たり5,000円以下であれば交際費にはならず会議費とします（ただし，飲食の年月日，取引先の名称や参加者の氏名等，参加人数，飲食の金額，飲食店の名称と所在地などの記録を残します）。取引先へのお中元やお歳暮の贈答は交際費となりますが，カレンダーや手帳，タオルなどの贈答であれば交際費とはなりません。

損金にできる交際費，会議費にできるもの

■交際費のうち損金にできる範囲

資本金100億円超の企業	交際費の全額を損金にできない。
資本金１億円超100億円以下の企業	交際費のうち，取引先との接待飲食費の50％を損金にすることができる。
資本金１億円以下の企業（多くのスタートアップはこちらに該当）	以下のうち，どちらか（有利な方）を選択して損金に算入することができる。 ①交際費のうち取引先との飲食費等の50％ ②交際費のうち年800万円まで（2022年３月31日までが適用期限）。

■会議費にできるもの

○貸会議室の利用料，会議に関連する費用
○会議に関連するお茶や菓子，弁当などの飲食物の費用
○社内の役員や従業員の打合せのための飲食費
○取引先との飲食費で１人当たり5,000円以下のもの
（飲食の年月日，取引先の名称や参加者の氏名等，参加人数，飲食の金額，飲食店の名称と所在地などを記載した書類の保存が必要）

効率化ポイント

交際費の事前承認制をルールとして定めると，役員や従業員へのけん制となり，ムダな交際費削減につながります。１人当たり5,000円以下の取引先との飲食費用には，必須の記載項目が漏れないような申請フォームを用意することが効率的です。

Chapter 3

3-5 固定資産にするもの

仕事で使う備品を購入したとき，経費ではなく「固定資産」としての計上が必要なものもあります。スタートアップは一般的に規模が小さく，業種の面からも固定資産を計上することは多くはありません。備品の購入の際は，固定資産の計上漏れがないように気をつけましょう。

取得価額が10万円未満のもの，または使用可能期間が１年未満であれば消耗品費として計上ができます。取得価額が10万円以上，かつ使用可能期間が１年以上のものは，固定資産としての計上を検討します。

取得価額には，引取運賃や購入手数料，関税なども含みます。また，通常取引される単位を１セットとして金額を計算します。たとえば応接セットの場合，テーブルとイスの１組の金額で検討します。

固定資産は，大きく分けると「有形固定資産」「無形固定資産」「投資その他の資産」の３つです。たとえば会社の机，椅子，キャビネット，パソコンなどのうち，固定資産になるものは，有形固定資産の器具備品となります。ソフトウェアであれば，無形固定資産となります。

固定資産を取得したら，仕訳帳だけでなく，補助簿である「固定資産台帳」へも記入します。固定資産台帳は，固定資産の勘定科目や名称，取得価額，取得年月日，取得金額に加え，「減価償却」（固定資産を年数に応じて費用化することです）を管理するための帳簿です。

経費となる備品購入時の仕訳

借方		貸方	
消耗品費	60,000	預金	60,000

固定資産となる備品購入時の仕訳

借方		貸方	
器具備品	320,000	預金	320,000

固定資産の判定，種類，固定資産台帳

■固定資産にするかどうかの判定

取得価額10万円未満または使用可能期間1年未満	全額をその年の費用として計上できる（消耗品費など）。
取得価額10万円以上30万円未満（要件を満たした中小企業者等のみ）	2022年3月31日までに取得して事業の用に供したものは費用として計上できる（年間300万円まで）。
取得価額10万円以上20万円未満	一括償却資産と呼び，3年間にわたって減価償却により費用化できる。
取得価額20万円以上	耐用年数に応じて減価償却によって費用化する。

■固定資産の種類

有形固定資産	実物があり長期に使われる建物や器具備品など
無形固定資産	実物がない。ソフトウェアや特許権など
投資その他の資産	敷金，保証金や投資有価証券など

■固定資産台帳の例

管理番号	勘定科目	資産名	数量	償却方法	耐用年数	取得日付	事業供用日	取得価額	期首帳簿価額	……
72	器具備品	社長ノートPC XXX	1	定率法	4年	202X/4/21	202X/5/1	320,000	173,334	

○取得から減価償却，除却までの情報が記載される

効率化ポイント

固定資産台帳も紙ではなく，ソフトを使うと便利です。なお固定資産にするか費用にするかの判定は難しいこともあるため，税理士に相談することが有効です。

コラム　領収書のチェック

会社の経理担当者が悩む問題の１つに，経費精算の不正があります。

従業員は魔が差してしまうこともありますし，一度不正をすると，何度も繰り返してしまうこともよくあります。

経費の不正は，たとえば以下のようなパターンがあります。

○プライベートでの食料品の購入や飲み会代などの支払を申請
○金額が空欄の領収書を店から入手し，金額を適当に記載して申請
○市販の領収書用紙を使って領収書自体を偽造して申請
○領収書の金額を書き加えることで金額を水増し
　例１：「10,000」円⇒頭の「１」に書き足して「40,000円」にする。
　例２：「2,000」円⇒新たに「１」を書き加えて「12,000円」にする。

不正の予防や，発見のためには，以下の取り組みが有用です。

○明細付きの領収書（レシート）での申請を推奨する。明細がない領収書については毎回詳細を確認する。
○時々，一緒に行動している従業員に領収書の内容を確かめる。
○市販の用紙にすべて手書きの領収書は，特に注意する。
○支払内容と比べて金額が大き過ぎないかを確かめる。飲食店であれば平均予算額を調べて１人当たりの金額と比べることも有効。
○消費税率を確かめる（８％や非課税の支払は私的な支払ではないか）。

もっとも重要なことは，経費は経理が厳しくチェックするという姿勢を社内に見せることです。「不正なんてとてもできない」と思わせることが大事です。

Chapter 4

売上と仕入

売上と仕入は会社の営業活動の根幹です。これらを適切に処理するには営業担当者の協力も必要です。そのしくみをしっかりと押さえておきましょう。

Chapter 4

4-1　売上のしくみ

会社は，取引先に商品を販売またはサービスを提供することで，その対価としての代金を受け取り，売上を上げます。売上は会社の事業の根本ともいえます。経理担当者としても売上の管理は重要業務です。

会社は，それぞれ事業が異なりますし，複数の事業，複数の形態の取引を営む会社も多数あります。取引ごとに売上を上げるまでの流れが異なることも十分にあります。経理担当者は，それぞれの取引についてどのような流れなのかを把握しましょう。

売上を計上するタイミングは，会社によって異なります。基本的には会社としてタイミングを決めて，その方針を変えずに継続的に採用することとなります。

商品販売の取引の場合，このタイミングには①「出荷基準」（商品の出荷時点），②「引渡基準」（得意先への商品引渡時点），③「検収基準」（得意先で商品の検収が完了した時点）の3つの基準があります。

サービスを提供する場合，「役務提供完了基準」として，サービスの提供完了時点を売上計上日とします。継続的に提供する場合は，1か月ごとなどで期間按分し，その期間に応じた売上のみを計上します。

なお，売上代金の回収日で計上する会社もありますが，会計や税務の観点からは上記の3つの基準が望ましいといえます。

売上は，商品やサービスの提供後，一定期間後に支払われる「掛け取引」が一般的です。売上計上時の仕訳は借方に資産としての「売掛金」を計上し，貸方に収益としての「売上」を計上します。売掛金の入金時には，借方に現預金を，貸方に「売掛金」の仕訳をして消し込みます。

売上のしくみ

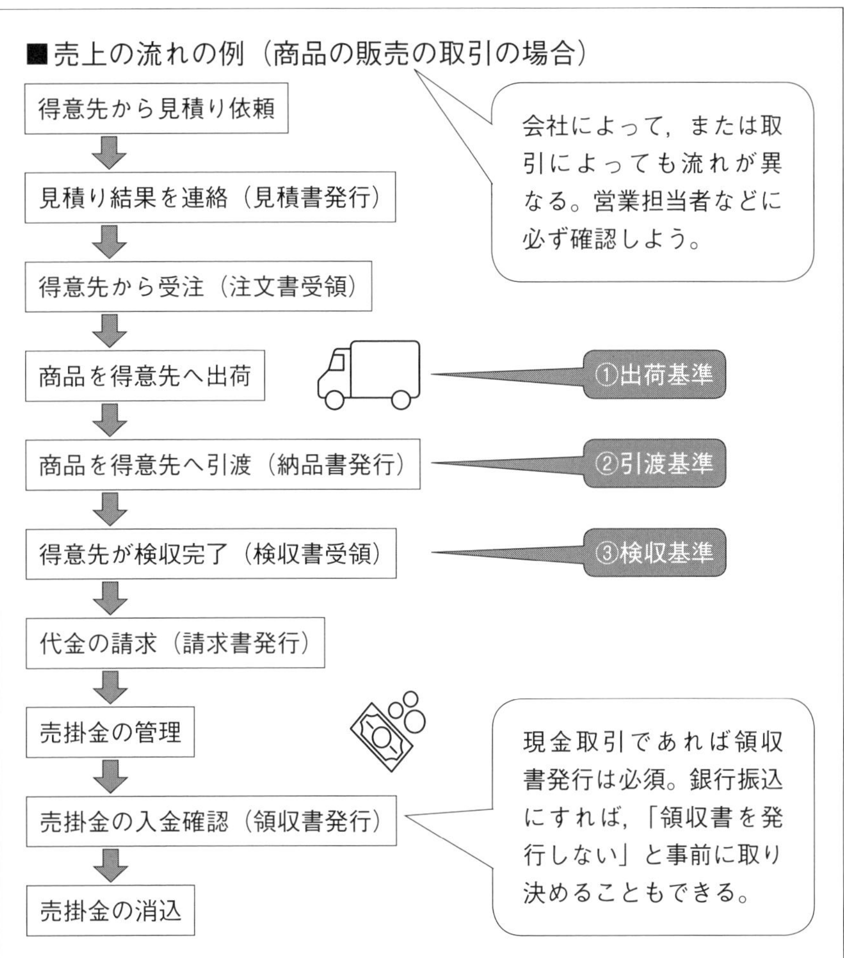

■売上計上時の仕訳と，売掛金消込時（入金時）の仕訳

売上の計上時の仕訳

借方	貸方
売掛金　10,000	売上　10,000

売掛金消込時の仕訳

借方	貸方
普通預金 10,000	売掛金　10,000

4-2 売上のための請求書

請求書は，売上の代金を請求するために発行するもので，重要な書類です。請求書の発行が遅れれば，売上の回収が遅れ資金繰りに影響が出ますし，内容を間違えて後から訂正しようとすると得意先とのトラブルにつながります。請求書の発行漏れ自体も避けなければなりません。

請求書の発行のタイミングには２種類あります。商品の引き渡しごとに発行する場合を「都度請求」といいます。月末や10日，20日などを締日として設定して，締日までの一定期間の取引の代金をまとめて請求する場合を「合計請求」といいます（たとえば月末締め，翌月末払いなどがあります）。締日や支払期日は通常は自社で決めますが，得意先との事前の合意で取引条件が変わっていることもあります。営業担当者との情報共有には気をつけましょう。なお，請求書を発行したときは，控えを保存します。入金管理はしっかりと行いましょう。

請求書には，2019年10月からの軽減税率の導入に伴い，必要な記載事項があります（「区分記載請求書」といいます）。①自社の名称，②取引年月日，③取引の内容，④得意先の氏名や名称，⑤軽減税率の対象品目である旨（「※」印等をつけることにより明記），⑥税率ごとに区分して合計した対価の額（税込）を記載することが必要です。軽減税率の対象となる商品（種類・外食を除く飲食料品など）を販売する場合は注意しましょう。その他，⑦請求書番号，⑧請求書発行日（締日），⑩振込先情報，⑪支払期日などは必要に応じて記載します。⑨社印は必須ではありませんが，押すことが一般的です。なお2023年10月からは，新たにインボイス制度が導入されます。コラム「インボイス制度」（p.52）を参照ください。

請求書の記載項目

■請求書の例（2021年４月末日締め　翌月末日払いの場合）

請　求　書

⑦No.

④　　　　　　御中　　　　⑧請求日　2021年４月30日

①　○○○○株式会社
〒XXX-XXXX
東京都千代田区○○○○○○

⑨社印

下記をご請求申し上げます。

ご請求金額	¥658,000-

⑤区分	②取引年月日	③内容	単価	数量	金額
※	2021/４/１	品目A	1,000	100	100,000
	2021/４/10	品目B	2,000	100	200,000
	2021/４/18	品目C	3,000	100	300,000

「※」は軽減税率対象であることを示します。

小計	600,000
消費税等	58,000
合計	658,000
⑥(うち10%対象)	550,000
⑥(うち８%対象)	108,000

⑩(お振込先)
○○○銀行　○○○支店
普通預金　XXXXXXX
口座名義　○○○○株式会社

⑪恐れ入りますが，2021年５月末日までに上記口座へお振込みくださいますようお願いします。

①自社の名称	⑦請求書番号
②取引年月日	⑧請求書発行日（締日）
③取引の内容	⑨社印
④得意先の氏名又は名称	⑩振込先情報
⑤軽減税率の対象品目である旨	⑪支払期日
⑥税率ごとに区分して合計した対価の額	

効率化ポイント

請求書のペーパーレス化も有効です（**11-4**参照）。

4-3 仕入のしくみ

スタートアップの中には仕入が生じないような業種の会社も多いですが，商品を仕入れて販売する業種の会社では仕入の管理も経理担当者にとって重要な業務となります。こちらも，他の担当者との間で業務の分担は決めておき，取引に関する情報共有もしっかり行いましょう。

仕入も，売上同様，取引ごとにその流れが異なるものです。それぞれの取引についての流れは把握しておきましょう。

仕入を計上するタイミングも，基本的には会社としてタイミングを決めて，その方針を変えずに継続的に採用します。

仕入の場合，このタイミングには①「出荷基準」（仕入先の商品の出荷時点），②「入荷基準」（商品の自社での入荷時点），③「検収基準」（自社で商品の検収が完了した時点）の3つの基準が一般的です。計上のタイミングは遅くなりますが，商品の検品までの段階を終えて初めて仕入を計上する③検収基準がもっとも確実であると言えます。仕入の場合は，納品書，請求書，実際の商品がそれぞれ整合しているかも必ず確認しましょう。

なお，仕入代金の支払日で計上する会社もありますが，会計や税務の観点からはやはり上記の①から③の基準が望ましいでしょう。

仕入についても，商品やサービスの提供を受けた後，一定期間後に支払う「掛け取引」が一般的です。仕入計上時の仕訳は借方に費用としての「仕入」を計上し，貸方に負債としての「買掛金」を計上します。買掛金の支払時には，借方に「買掛金」を，貸方に現預金の仕訳をして消し込みます。

仕入のしくみ

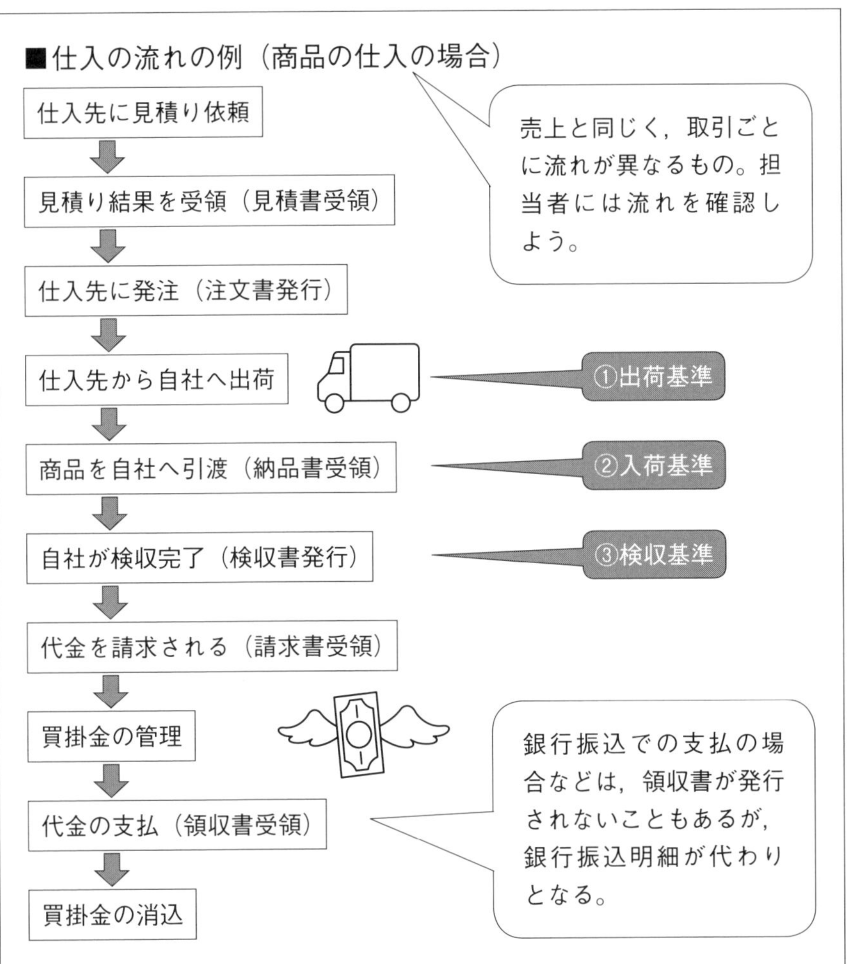

■仕入計上時の仕訳と，買掛金消込時（支払時）の仕訳

仕入の計上時

借方	貸方
仕入　10,000	買掛金　10,000

買掛金消込時

借方	貸方
買掛金　10,000	普通預金 10,000

Chapter 4

4-4 売掛金と買掛金の管理

売上や仕入を計上後，実際に入金や支払がなされるまでには一定期間があります。ここで売掛金と買掛金の管理が重要になります。売掛金が回収できなければ会社にお金が入ってきません。買掛金の支払に漏れ，遅れ，金額ミスがあれば会社が信用を失うことにつながります。経理担当者としてしっかりと管理していきましょう。

売掛金と買掛金の管理のためには，管理簿が必要です。１つの例として，売掛金の仕訳の計上の際に補助科目に得意先名を，買掛金の計上の際は，補助科目に仕入先名を入れる方法があります。摘要欄には商品の数量・単価・商品名など詳細を記載しておきます。これにより，会計ソフトで買掛金や売掛金の補助元帳を表示させることで買掛金や売掛金の得意先・仕入先ごとの管理簿となります。これ以外にも，得意先元帳（売掛金）や仕入先元帳（買掛金）などの管理のための帳簿を作成する会社もあります。これらはエクセルでも作成できます。

売掛金の入金があった場合は，帳簿の金額と実際の入金額とを突き合わせます。誤りがないことを確かめましょう。そのうえで，売掛金の消込仕訳を計上します。支払期日までに支払われない入金があった場合は，理由を確認しましょう。営業担当者や上司などとも報告・協議します。長期間滞留しているような売掛金には特に注意しましょう。

買掛金については，支払期日の管理も重要で，支払期日までに漏らさず支払処理をするようにします。支払の際は，受領した請求書の内容をよく確認し，誤りのないように支払います。そのうえで，買掛金の消込仕訳を計上します。

売掛金と買掛金の管理

■売掛金の管理（得意先元帳）

売掛金管理簿　得意先Ａ社

仕訳No	取引日	相手勘定科目	摘要	借方金額	貸方金額	残額
			前期繰越			50,000
40	4月1日	売上	品目D　数量10　単価@1,000	10,000		60,000
45	4月10日	売上	品目E　数量10　単価@2,000	20,000		80,000
80	4月30日	普通預金	3月分売掛金回収		50,000	30,000

○入金時には，入金額と帳簿の金額を照合
○回収のあとには消込仕訳を計上

回収金額を確認！

■買掛金の管理（仕入先元帳）

買掛金管理簿　仕入先Ｂ社

仕訳No	取引日	相手勘定科目	摘要	借方金額	貸方金額	残額
			前期繰越			40,000
43	4月3日	仕入	品目F　数量5　単価@10,000		50,000	90,000
48	4月11日	仕入	品目G　数量5　単価@5,000		25,000	115,000
60	4月15日	普通預金	3月分買掛金支払	40,000		75,000

○支払期日までに漏らさずに支払う
○支払のあとには消込仕訳を計上

支払ミスは信用を失う！

効率化ポイント

会計ソフトの売掛金管理機能，買掛金管理機能や，販売管理・仕入管理ソフトの管理機能が有効です。管理の際は，相手先の事情に詳しい営業担当者と協力しましょう。

コラム　インボイス制度

2023年10月１日から，適格請求書等保存方式（いわゆるインボイス制度）が導入されることが国税庁より発表されています。

このインボイス制度では，「適格請求書発行事業者」が交付する「適格請求書」（インボイス）等を保存することが，消費税の仕入税額控除（**9-5**参照）の要件となっています（2029年９月末までは経過措置あり）。

インボイスは，消費税率が10%と８%（軽減税率）の取引が混在する状況で，売手が買手に対し正確な適用税率や消費税額等を伝えるための手段です。買手は消費税の点で不利であるため，インボイスを発行しない売手との取引を避けることが予想されます。

発行事業者として登録した場合には，インボイスを交付する義務と，交付したインボイスの写しを保存する義務が課されます。

2021年10月１日から，適格請求書発行事業者の登録申請がスタートし，2023年３月31日までに申請書を提出すると，2023年10月の制度開始に発行事業者登録が間に合うようです。国税庁のホームページでインボイス制度の情報がありますので，参考にしてください。

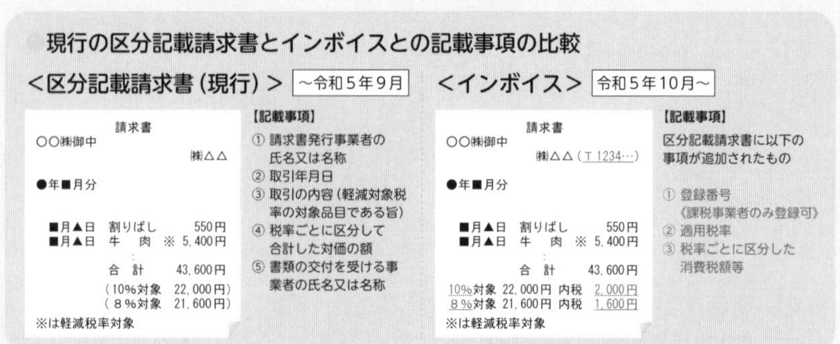

出典：国税庁ホームページ「令和３年10月１日から登録申請書受付開始！」
https://www.nta.go.jp/taxes/shiraberu/zeimokubetsu/shohi/keigenzeiritsu/pdf/0020009-098_03.pdf

Chapter 5

資金調達，資本関係

スタートアップでは融資や出資，補助金などで資金調達をする機会や，会社が従業員にストック・オプションを付与する機会もでてきます。基本的な処理を押さえておきましょう。

Chapter 5

5-1 借入金の処理

スタートアップでは，銀行や信用金庫などの金融機関からの借入れも資金調達の手段の１つです。金融機関からの借入れが通常ですが，事業会社からの借入れをする場合もあります。

借入金は，１年以内に返済する場合は「短期借入金」，１年を超えて返済する場合は「長期借入金」という勘定科目を使います。長期借入金については，決算整理時に，翌年に返済する分を「１年内返済予定の長期借入金」として振り替えます。

借入時には，借方に現預金を，貸方に借入金の仕訳をします。なお借入金の振込時には，手数料や契約書の印紙代を差し引いた金額が振り込まれることも多いようです。手数料は借方に費用として「支払手数料」，印紙代は「租税公課」などの勘定科目で仕訳をします。

借入れの際に信用保証料を支払うときは，保証期間にわたる数年分の保証料を一括で支払うことも多いようです。この場合は，支払額をいったん「長期前払費用」として借方に計上します。その後，決算整理時に保証期間で按分し，その年の費用を「支払保証料」（営業外費用）に，翌年の費用を「前払費用」に振り替えます。

借入金の返済時は，借方に元本返済分として借入金と，利息支払分の費用として「支払利息」の仕訳をします。なお，元利均等返済という返済方法では，返済ごとに元本返済額と利息支払額が変わります（合計額は一定です）。金融機関から渡される「返済予定表」で金額を確認しましょう。

借入れの際には金融機関に預金などの担保を提供することもありますが，仕訳は不要です。担保のリスト管理はしておきましょう。

借入金の仕訳

■借入金の仕訳

①300万円を借り入れたときの仕訳（期首に借入れ）
（返済期間５年，毎月元本５万円返済，元金均等返済）

借方		貸方	
普通預金	2,895,000	長期借入金	3,000,000
長期前払費用（保証料）	100,000		
支払手数料	3,000		
租税公課（印紙）	2,000		

BANK

②返済するときの仕訳

借方		貸方	
長期借入金	50,000	普通預金	52,500
支払利息	2,500		

「元利均等返済」のときはこの金額が毎回変わる！

③決算整理時の仕訳（借入金の振替）

借方		貸方	
長期借入金	600,000	１年内返済予定の長期借入金	600,000

決算整理時の仕訳（長期前払費用の振替）

借方		貸方	
支払保証料	20,000	長期前払費用	40,000
前払費用	20,000		

※借入金の返済方法

元金均等返済	毎回の返済額（元金＋利息）のうち，元金（利息ではなく借入金自体）の額が一定となる。
元利均等返済	毎回の返済額（元金＋利息）が一定となる。

効率化ポイント

借入の際の返済予定表をもとに返済・利払のスケジュールをリストにし，返済漏れや仕訳ミスがないように準備しましょう。

5-2 増資の処理

スタートアップにとっては，増資，特に第三者割当増資は，資金調達手段として重要です。第三者割当増資とは，株主であるか否かにかかわらず，特定の第三者に新株を引き受ける権利を与えて引き受けさせる増資をいいます。手続は**13-4**で説明していますので基本的な会計処理を確認しましょう。

第三者割当増資をしたときの仕訳では，借方に現預金を，貸方に資本金と資本準備金を計上します。会社法では，増資において，払込金額の2分の1以下の金額は，資本金として計上せず，資本準備金として計上できるとされています。この範囲内で決定した割合に応じて資本金と資本準備金を計上します。払込期日までに入金がなされたかは，経理としてしっかり確認し，確認次第直ちに上司などに報告しましょう。

増資をしたときには，必ず登記も必要となります。この登記では，増加した資本金の額の1,000分の7の金額（1件当たり最低3万円）を「登録免許税」として支払う必要があります。資本準備金については登記されず対象外である点に留意してください。この登録免許税は，新株の発行に係る費用であることから，原則として支出時に費用として,「株式交付費」(営業外費用）などの勘定科目で借方に計上します。ただし,「繰延資産」として,「株式交付費」を借方に計上することもできます。この場合は，株式交付のときから3年以内のその効果の及ぶ期間にわたって，定額法により償却します。なお，増資をした年度は，計算書類の「株主資本等変動計算書」(p.111）や事業報告に反映が必要であるほか，法人税申告書にも反映する必要があります。

増資の仕訳，登録免許税の仕訳

■第三者割当増資の仕訳

○払込期日における仕訳

借方		貸方	
普通預金	30,000,000	資本金	15,000,000
		資本準備金	15,000,000

他の会社など

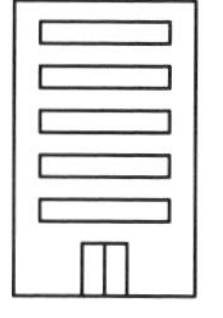

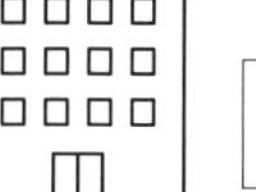

会社

■増資についての変更登記における登録免許税の仕訳

○支出したときの仕訳（支出時に費用とする場合）

借方		貸方	
株式交付費（営業外費用）	105,000	現金	105,000

○支出したときの仕訳（繰延資産とする場合）

借方		貸方	
株式交付費（繰延資産）	105,000	現金	105,000

決算時に償却するとき（３年間で償却し，決算時で１年経過）

借方		貸方	
株式交付費償却	35,000	株式交付費（繰延資産）	35,000

効率化ポイント

増資は会社全体に関わる重要な事項です。手続（**13-4**参照）に漏れがないか，仕訳に誤りがないか確認しましょう。

5-3 補助金の処理

スタートアップにとっては，補助金や助成金も重要です。補助金と助成金はどちらも国や地方公共団体などの行政機関から出されるもので，返済義務はありません。補助金は審査が必要で，助成金は要件を満たせばよい，という違いがあるとも言われますが，経理のうえでは違いはないため，以下ではまとめて「補助金」とします。

最近では，スタートアップ向けの，創業間もない企業のみを対象とした補助金制度もあります。また，スタートアップに多い中小企業であれば，中小企業向けの補助金を受けることもできます。申請には労力はかかりますが，それだけの価値はあるものが多いでしょう。

補助金は，受領時に借方に現預金を，貸方に収益として「雑収入」などの勘定科目で仕訳をします。支給決定通知から入金までに時間がかかるケースでは，支給決定通知時に借方を「未収入金」の勘定科目で仕訳をし，実際に入金となったときに「未収入金」を取り崩します。

補助金は，税務上の取扱いも注意が必要です。法人税の課税対象になるものの，消費税の対象とはなりません。なお，補助金の中には固定資産の購入を対象とするものもあります。この場合，要件を満たせば「圧縮記帳」という方法で，補助金の収入に対する課税を将来に繰り延べることができます。税金は免除ではなく繰り延べであり，その年度の税金は減りますが，その分，将来の税金が増えます。具体的には，受領時に，貸方に収益として「国庫補助金受贈益」の勘定科目を計上し，設備購入時に，補助金の金額を借方に「固定資産圧縮損」の勘定科目で仕訳をします（「直接減額方式」という方法です。ほかに「積立金方式」という方法もあります）。

補助金の仕訳，圧縮記帳の仕訳

■通常の補助金の仕訳

①補助金の支給が決定したとき（通知がきたとき）の仕訳

借方		貸方	
未収入金	1,000,000	雑収入	1,000,000

②入金されたときの仕訳

借方		貸方	
普通預金	1,000,000	未収入金	1,000,000

行政機関

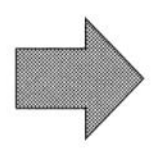

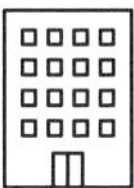

会社

■圧縮記帳の仕訳

○直接減額方式の場合

10万円補助金が支給され，40万円の器具備品を購入したとき

借方		貸方	
普通預金	100,000	国庫補助金受贈益	100,000
器具備品	400,000	普通預金	400,000
固定資産圧縮損	100,000	器具備品	100,000

効率化ポイント

圧縮記帳をした資産を持つと，本来の取得価額での管理と，圧縮後の価額での管理が両方必要になるため，手間がかかります。節税効果も，状況次第であまりない場合もあります。税理士に相談し，費用対効果をよく検討しましょう。

Chapter 5

5-4 ストック・オプションの処理

スタートアップでは，従業員などに新株予約権の一種であるストック・オプションを付与することがあります。しくみは**13-5**で説明していますが，ここでは基本的な会計処理について確認しましょう。

ストック・オプションは，役員や従業員の労働に対する対価・報酬の意味があります。この報酬に関する勤務期間を「対象勤務期間」といいます。この「対象勤務期間」は，ストック・オプションの「付与日」から権利が確定する「権利確定日」までの期間です。ここで確定した権利を行使できる期間を，「権利行使期間」といいます。

非上場企業の場合，ストック・オプションでの仕訳の計上金額は，次のように算定することができます。まず「ストック・オプションの単位当たりの本源的価値」に「ストック・オプション数」を乗じて，「ストック・オプションの公正な評価額」を計算します。この「ストック・オプションの公正な評価額」のうち，その期に対応する金額について，借方に「株式報酬費用」，貸方に「新株予約権」を計上します。権利行使時には借方に「新株予約権」と行使価格の現預金を計上し，貸方に「資本金」を（資本準備金を積む場合は「資本準備金」も）計上します。

「ストック・オプションの単位当たりの本源的な価値」は，付与時点の「自社株式の評価額」から「行使価格」を差し引いた金額です。このとき，スタートアップでは，税制適格（**13-5**参照）を満たす目的で，この差し引いた金額がマイナスまたはゼロとなり，「ストック・オプションの公正な評価額」もゼロとなることが多くなります。この場合，「新株予約権」も，「株式報酬費用」も計上しません。

ストック・オプションの仕訳

■ストック・オプションの仕訳例（1株分1個付与，条件変更なし）※複雑なので，実際の処理は専門家に相談しよう。

A．無償で期首に付与，付与時点の株式の評価額が行使価格以下
付与日の株式評価額100円，行使価格100円，対象勤務期間2年

B．無償で期首に付与，付与時点の株式の評価額が行使価格より高い
付与日の株式評価額300円，行使価格100円，対象勤務期間2年

Aの場合

①付与年度末（付与から1年経過）
（100円－100円）÷2年＝ゼロ

借方	貸方
仕訳なし	仕訳なし

②翌年度末の仕訳（権利確定日）

借方	貸方
仕訳なし	仕訳なし

③権利行使時の仕訳（新株発行）

借方	貸方
当座預金　100	資本金　50 資本準備金　50

（当座預金100：行使価格）

または

③'すべての権利失効時の仕訳

借方	貸方
仕訳なし	仕訳なし

Bの場合（税制非適格）

①付与年度末（付与から1年経過）
（300円－100円）÷2年＝100円

借方	貸方
株式報酬費用 100	新株予約権 100

（株式報酬費用100：2年の内1年分）

②翌年度末の仕訳（権利確定日）

借方	貸方
株式報酬費用 100	新株予約権 100

（株式報酬費用100：2年の内1年分）

③権利行使時の仕訳（新株発行）

借方	貸方
当座預金　100 新株予約権 200	資本金　150 資本準備金 150

（当座預金100：行使価格）

または

③'すべての権利失効時の仕訳

借方	貸方
新株予約権 200	新株予約権戻入益 200

コラム　スタートアップへの支援

　スタートアップのような創業期の会社を支援するため，さまざまな融資制度や，補助金制度が存在します。資金調達においては，このような融資や補助金も重要です。融資では，政府系の日本政策金融公庫の創業融資や，信用保証協会の制度融資が有名です。そのほか，銀行や，自治体でも，スタートアップ向けの融資を行っているところはあります。また都道府県や市区町村などの自治体によっては，創業支援や中小企業支援などの補助金，助成金制度もあります。

　他にもスタートアップ向けには政府・関連団体だけでも数多くの支援制度があります。一般社団法人ベンチャーエンタープライズセンターのウェブサイトで，「政府・関連団体のベンチャー支援＆年表」として公表されていますので，確認してみましょう。中小企業向けの支援情報は，中小機構（独立行政法人中小企業基盤整備機構）が運営する「J-Net21」や，中小企業庁が運営する「ミラサポ plus」などのウェブサイトにもまとめられています。これらには特にスタートアップ向けの有用な情報も掲載されています。経済産業省のウェブサイトでも，新規産業・ベンチャー向けの情報がまとめられており，資金繰り支援制度などを確かめることができます。経済産業省による支援には，J-Startup というスタートアップの育成支援プログラムもあり，選定企業には政府による集中的な支援を実施しています。

　そのほか，スタートアップ支援を行う組織やプログラムとして，インキュベーターやアクセラレーターがあります。インキュベーターは，主に起業前後のスタートアップに対して主にイノベーションの実現を目的として長期間支援します。一方，アクセラレーターは主にある程度成長したスタートアップに対して，短期間でビジネスを成長させるための支援を行います。ベンチャーキャピタル（**13-2**参照）とも違った支援が得られますので，確かめてみましょう。

Chapter 6

給与関係の業務

給与を間違えると，従業員の生活に大きな影響を及ぼし，また，会社が信用を失うことになります。給与関係の業務の基本を押さえておきましょう。

Chapter 6

6-1 給与計算

総務や労務が担当することが多い給与計算ですが，スタートアップに多い中小企業では経理が担当することもよくあります。給与計算は間違えると従業員から会社への信用が失われる業務です。一方で時間がかかる大変な作業でもあります。毎月必ず行わなければならない業務ですので，手順を覚えて効率的に進めましょう。

給与の計算方法は，会社によって異なります。「就業規則」のほか，給与計算に関するルール（「給与規程」など）は必ず確認しましょう。

次に，給与明細書を見てみましょう。給与明細書では，その月の各社員の給与が計算されています。給与明細書の内容は大きく分けると「支給」「控除」「勤怠」に分けられます。会社によって様式が異なりますが，基本的な記載内容はほとんど同じです。

給与明細書の「支給」欄には，その人の基本の賃金となる「基本給」に，各種手当（役職手当や住宅手当，通勤手当，残業手当など）が記載され，支給額合計が計算されます。「控除」欄には，社会保険料や労働保険料，税金などの控除額が記載され，控除額合計が計算されます。支給額合計から控除額合計を差し引いたものが「差引支給額」で，いわゆる「手取り」の金額です。「勤怠」欄にはその月の出勤日数，有給休暇取得日数，欠勤日数，遅刻早退や時間外労働時間が記載されます。

「支給」の項目は，基本的に毎月同じ金額となる基本給などの「固定的給与」と，残業手当のように勤怠の実績で変動する「変動的給与」とに分けられます。固定的給与についても，基礎となる人事情報の変更の確認は毎月必要となります。

給与明細書

■給与明細書の例（会社ごとに様式が異なります）

支給額合計から控除額合計を差し引いた「差引支給額」が手取りとなる。

支給額合計から，控除額合計を差し引いて給与を計算する

給与明細書　　　　所属　　　氏名
20××年××月

支給	基本給	役職手当	家族手当	資格手当	通勤手当
	普通残業手当	深夜残業手当	休日残業手当		支給額合計
控除	健康保険料	介護保険料	厚生年金保険料	雇用保険料	
	所得税	住民税			控除額合計
勤怠	出勤日数	休日出勤日数	有給休暇取得	欠勤日数	遅刻・早退
	普通残業時間	深夜残業時間	休日残業時間		

差引支給額	銀行振込額	現金支給額

給与計算の基礎となる勤怠状態

いわゆる「手取り」

効率化ポイント

給与計算ソフトを使うことでさまざまな作業が効率的に行えます。給与関連，人事関連の業務自体を社外にアウトソーシングすることも有効です。重要で間違えられない給与計算ですので，制度に詳しい専門家の社会保険労務士に頼ることもよいでしょう。

6-2 社会保険

給与明細書においては，支給額合計から控除額合計を差し引いて差引支給額を計算していました。この控除額には社会保険料と労働保険料，税金などの「法定控除額」（法律で定められた給与から天引きされるもの）のほか，会社ごとのルールで差し引かれるもの（社宅費など）があります。このうち社会保険料について見てみましょう。

社会保険は，「健康保険」「介護保険」「厚生年金保険」の 3 つをまとめた総称です（労働保険なども含めて「（広義の）社会保険」と呼ぶこともあります）。介護保険は，40歳以上が被保険者となります。

社会保険料の計算にあたっては，まず従業員ごとの標準報酬月額を確認します。標準報酬月額については，コラム「社会保険料の見直し」（p.82）を参照ください。社会保険料の月額は，基本的に，（「標準報酬月額」×保険料率）の式により計算します。または，健康保険協会や組合などの「保険料額表」の「標準報酬月額」に，その人の「標準報酬月額」を当てはめることでも保険料を算出できます。ただし，標準報酬月額や，保険料率が変更となる時期があるため，注意が必要です。

算出した毎月の保険料は，会社と従業員で折半となります。給与から控除した従業員負担分は一時的に預かることとなり，会社負担分と合わせて，翌月末日までに年金事務所や健康保険組合などに納めます。

社会保険は，正社員は全員加入しますが，パートやアルバイトでも，所定労働日数や労働時間が一般社員の 4 分の 3 以上の場合などは加入します。また，介護保険料は，40歳以上64歳以下の従業員（第 2 号保険者といいます）について，健康保険料とともに会社が徴収します。

社会保険の種類，保険料額表

■社会保険の種類（狭い意味での社会保険）

健康保険	病気やケガの際の医療費の給付を行い，一部のみ負担する。中小企業の従業員の多くは「全国健康保険協会」の「協会けんぽ」に加入している。その他の各健康保険組合の「組合健保」もある。
介護保険	市区町村が制度を運営。介護が必要と認定されると，介護サービスを受けることができる。
厚生年金保険	老齢になったときや，障害を負ったとき，死亡したときなどに保険給付を行う。

■保険料額表の例（東京都，協会けんぽの場合）

標準報酬月額について，表の左端の標準報酬月額の列にあてはめると各保険料（全額・折半額）を算出できる。

令和3年3月分（4月納付分）からの健康保険・厚生年金保険の保険料額表

・健康保険料率：令和3年3月分～　適用　　・厚生年金保険料率：平成29年9月分～　適用
・介護保険料率：令和3年3月分～　適用　　・子ども・子育て拠出金率：令和2年4月分～　適用

（東京都）　　　　（単位：円）

標準報酬		報酬月額		全国健康保険協会管掌健康保険料				厚生年金保険料（厚生年金基金加入員を除く）	
				介護保険第2号被保険者に該当しない場合		介護保険第2号被保険者に該当する場合		一般、坑内員・船員	
				9.84%		11.64%		18.300%※	
等級	月額			全額	折半額	全額	折半額	全額	折半額
		円以上	円未満						
1	58,000	～	63,000	5,707.2	2,853.6	6,751.2	3,375.6		
2	68,000	63,000 ～	73,000	6,691.2	3,345.6	7,915.2	3,957.6		
3	78,000	73,000 ～	83,000	7,675.2	3,837.6	9,079.2	4,539.6		
4(1)	88,000	83,000 ～	93,000	8,659.2	4,329.6	10,243.2	5,121.6	16,104.00	8,052.00
5(2)	98,000	93,000 ～	101,000	9,643.2	4,821.6	11,407.2	5,703.6	17,934.00	8,967.00
6(3)	104,000	101,000 ～	107,000	10,233.6	5,116.8	12,105.6	6,052.8	19,032.00	9,516.00
7(4)	110,000	107,000 ～	114,000	10,824.0	5,412.0	12,804.0	6,402.0	20,130.00	10,065.00
8(5)	118,000	114,000 ～	122,000	11,611.2	5,805.6	13,735.2	6,867.6	21,594.00	10,797.00
9(6)	126,000	122,000 ～	130,000	12,398.4	6,199.2	14,666.4	7,333.2	23,058.00	11,529.00
10(7)	134,000	130,000 ～	138,000	13,185.6	6,592.8	15,597.6	7,798.8	24,522.00	12,261.00
11(8)	142,000	138,000 ～	146,000	13,972.8	6,986.4	16,528.8	8,264.4	25,986.00	12,993.00
	150,000	146,000 ～	155,000	14,760.0	7,380.0			27,450.00	13,725.00
		155,000 ～	165,000	15,744.0	7,872.0				14,640.00
		165,000 ～	175,000	16,728.0					15,555.00
			185,000	17,712.0					16,470.00

出典：全国健康保険協会ホームページ
「令和３年度保険料額表（令和３年３月分から）」東京都の一部
https://www.kyoukaikenpo.or.jp/~/media/Files/shared/hokenryouritu/r3/ippan/r30213tokyo.pdf

6-3 雇用保険と労災保険

広い意味での社会保険には，雇用保険と労災保険が含まれます。これらを労働保険と総称します。労働保険は，パートやアルバイトを含めて従業員を１人でも雇用した場合には，その加入を義務付けられます。

雇用保険とは，労働者が失業した場合や，育児休業，介護休業などの場合に，労働者の生活と雇用の安定を図り，再就職を促進するための給付を行うものです。労災保険とは，労働者の業務上の理由，通勤によるケガや病気，死亡時に，労働者や遺族に給付を行うものです。

雇用保険の保険料は，毎月の給与（基本給に，通勤手当や残業手当などを含みます）に，雇用保険料率を乗じて計算します。毎年４月には雇用保険料率の変更の有無を確かめ，計算に必ず反映させるようにしましょう。給与からは，労働者負担率を乗じた金額を控除します。健康保険料などのように会社と従業員が折半ではなく，会社負担の方が多くなっています。なお，労災保険の保険料は全額を会社が負担します。なお，従業員雇用時や退職時にはハローワークへの届出が必要になります。

労働保険料は，４月１日から翌年３月31日までの１年間の保険料を，毎年６月１日～７月10日までの間に概算で申告・納付し，翌年度に確定額を申告，精算します。これを「年度更新」と呼び，基本的に労働基準監督署，都道府県労働局および金融機関で手続を行います。

労働保険は，原則として社員全員が対象となりますが，雇用保険の場合，役員は基本的に対象外となります。パートやアルバイトなどは所定労働時間が週20時間以上で31日以上の雇用が見込まれる場合は加入できます。代表取締役は労災保険も対象外となります。

労働保険の種類，保険料率表

■労働保険の種類

雇用保険	労働者の失業時，育児休業時，介護休業時などに給付などを行う。
労災保険	労働者の業務上の理由，通勤によるケガや病気，死亡時に，労働者や遺族に給付を行う。

■雇用保険の保険料率表

厚生労働省から発表される雇用保険料率表の料率を給与総額に乗じて算出します。スタートアップは「一般の事業」が多いが，農林水産・清酒製造・建設業などは料率が異なる。保険料率の改正に注意。労働者負担の保険料率をもとに，給与からの控除額を算定する。

令和３年度の雇用保険料率

負担者／事業の種類	①労働者負担（失業等給付・育児休業給付の保険料率のみ）	②事業主負担	失業等給付・育児休業給付の保険料率	雇用保険二事業の保険料率	①＋②雇用保険料率
一般の事業	**3/1,000**	**6/1,000**	3/1,000	3/1,000	**9/1,000**
（２年度）	3/1,000	6/1,000	3/1,000	3/1,000	9/1,000
農林水産・※清酒製造の事業	**4/1,000**	**7/1,000**	4/1,000	3/1,000	**11/1,000**
（２年度）	4/1,000	7/1,000	4/1,000	3/1,000	11/1,000
建設の事業	**4/1,000**	**8/1,000**	4/1,000	4/1,000	**12/1,000**
（２年度）	4/1,000	8/1,000	4/1,000	4/1,000	12/1,000

（枠内の下段は令和２年度の雇用保険料率）

出典：厚生労働省ホームページ「令和３年度の雇用保険料率について」
https://www.mhlw.go.jp/content/000739455.pdf

Chapter 6

6-4 所得税と住民税

給与から控除する金額には税金もあります。これは「所得税」と「住民税」です。所得税は，給与にかかる税金で，給与から天引きした額を会社がまとめて納付します。このしくみを「源泉徴収」といいます。住民税は道府県民税と市町村民税を合わせたものとなります。会社が給与から天引きした額を市区町村に支払うことを「特別徴収」といいます。

所得税は毎月計算します。具体的には，国税庁が毎年公表している「源泉徴収税額表」に，①その月の社会保険料等控除後の給与等の金額と，②扶養親族等の数，をあてはめて金額が決まります。①は，給与の支給額合計（基本給に各種手当を含む。なお通勤手当は非課税部分を「除く」。電車・バス通勤なら15万円までは非課税）から，社会保険料・雇用保険料を控除した金額です。②は，従業員から提出された「給与所得者の扶養控除等（異動）申告書」の内容に基づき，その数が決まります。結婚や出産などで扶養親族の数が変わる場合はすぐに報告をしてもらいましょう。

住民税は，毎年５月頃に，従業員が居住する市区町村から送られてくる「特別徴収税額決定通知書」に記載された金額（12等分された金額）を毎月給与から控除することとなります。所得税と異なり基本的に毎月金額が変わるものではありません。

源泉徴収した所得税は，基本的に翌月10日までに税務署に納めます。ただし，給与の支給人員が常時10人未満である会社の場合は，「源泉所得税の納期の特例の承認に関する申請書」を提出することで，年２回（７月10日と翌年１月20日）まとめて納付とすることができます。特別徴収した住民税は，翌月10日までに市区町村に納付します。

所得税と住民税，源泉徴収税額表

■給与から控除される税金の種類

所得税	従業員の給与にかかる税金。毎月，源泉徴収税額表に基づき計算する。翌月10日までに税務署に納付。
住民税	道府県民税と市町村民税（東京都は都民税と特別区民税）。毎年送られる特別徴収税額決定通知書により金額が決まる。翌月10日までに市区町村に納付。

■源泉徴収税額表

社会保険料控除後の給与等の金額と，扶養親族等の数をあてはめることで，その月の源泉徴収税額を算出する。

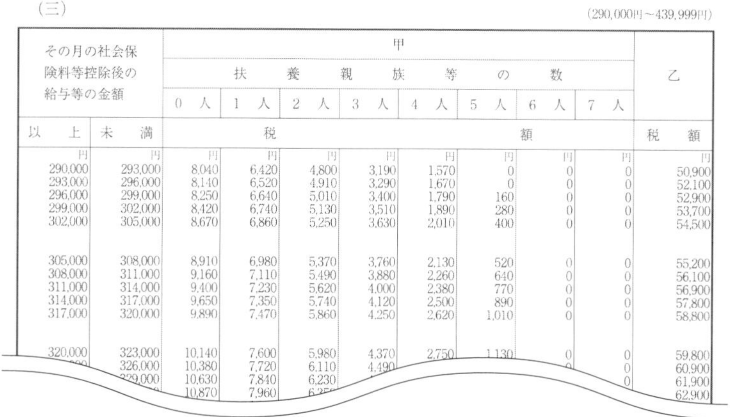

（三）

（290,000円～439,999円）

その月の社会保険料等控除後の給与等の金額		甲 扶養親族等の数								乙
		0人	1人	2人	3人	4人	5人	6人	7人	
以上	未満	税額								税額
円	円	円	円	円	円	円	円	円	円	円
290,000	293,000	8,040	6,420	4,800	3,190	1,570	0	0	0	50,900
293,000	296,000	8,140	6,520	4,910	3,290	1,670	0	0	0	52,100
296,000	299,000	8,250	6,640	5,010	3,400	1,790	160	0	0	52,900
299,000	302,000	8,420	6,740	5,130	3,510	1,890	280	0	0	53,700
302,000	305,000	8,670	6,860	5,250	3,630	2,010	400	0	0	54,500
305,000	308,000	8,910	6,980	5,370	3,760	2,130	520	0	0	55,200
308,000	311,000	9,160	7,110	5,490	3,880	2,260	640	0	0	56,100
311,000	314,000	9,400	7,230	5,620	4,000	2,380	770	0	0	56,900
314,000	317,000	9,650	7,350	5,740	4,120	2,500	890	0	0	57,800
317,000	320,000	9,890	7,470	5,860	4,250	2,620	1,010	0	0	58,800
320,000	323,000	10,140	7,600	5,980	4,370	2,750	1,130	0	0	59,800
	326,000	10,380	7,720	6,110	4,490				0	60,900
		10,630	7,840	6,230					0	61,900
		10,870	7,960							62,900

（例）社会保険料等控除後の給与等の金額が32万円で，扶養親族等の数が２人であれば，その月の所得税は5,980円

出典：国税庁ホームページ「給与所得者の源泉徴収税額表（令和３年分）」
https://www.nta.go.jp/publication/pamph/gensen/zeigakuhyo2020/data/01-07.pdf

Chapter 6

6-5 専門家報酬の源泉徴収

給与ではありませんが，弁護士，公認会計士，税理士といった外部の専門家に業務を依頼したときの報酬も源泉徴収の対象となります。報酬支払の都度，所得税と復興特別所得税を源泉徴収のうえ，残額を専門家に支払います。このとき，１回の報酬・料金の金額が100万円以下の場合は金額の10.21％を源泉徴収します。１回の金額が100万円を超える場合は，100万円を超える部分の20.42％に，102,100円を加えた金額を源泉徴収します。なお，司法書士等への支払は，１回の支払金額から１万円を差し引いた残額の10.21％を源泉徴収します。ただし，税理士法人や弁護士法人など団体に支払う場合，源泉徴収は不要です。

また，専門家への報酬のほか，デザイン報酬，講演料，著作権の使用料，工業所有権なども源泉徴収の対象となることがあります。

国税庁が公開している「源泉徴収のあらまし」では，対象となる報酬・料金とその源泉徴収税額の詳細が説明されています。個人への報酬・料金の支払が生じる場合はその都度確認しましょう。

源泉徴収した税は，給与同様，報酬・料金を支払った月の翌月10日までに所轄の税務署へ納付します。このとき，専門家報酬については給与と合わせ「給与所得，退職所得等の所得税徴収高計算書（納付書）」を用います。それ以外の報酬・料金等については「報酬・料金等の所得税徴収高計算書（納付書）」を用います。また，報酬を支払った日の翌年１月31日までに「報酬，料金，契約金及び賞金の支払調書」の税務署への提出が必要となる場合があります。このとき，国税庁公開の「給与所得の源泉徴収票等の法定調書の作成と提出の手引」が参考になります。

専門家への報酬・料金からの源泉徴収

■弁護士，公認会計士，税理士等への報酬・料金

支払金額（＝A）	税額
100万円以下	A×10.21％
100万円超	（A－100万円）×20.42％＋102,100円

（例１）　50万円の弁護士報酬を支払う場合
源泉徴収税：50万円×10.21％＝51,050円
実際の弁護士への支払額：50万円－51,050円＝448,950円

（例２）　150万円の弁護士報酬を支払う場合
源泉徴収税：（150万円－100万円）×20.42％＋102,100円＝204,200円
実際の弁護士への支払額：150万円－204,200円＝1,295,800円

■司法書士への報酬・料金

税額
（支払金額－１万円）×10.21％

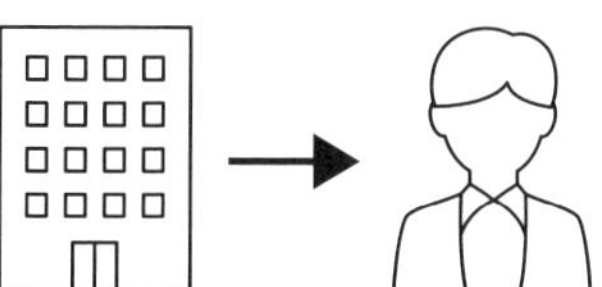

（例）　司法書士に５万円を支払う場合
源泉徴収税：（５万円－１万円）×10.21％＝4,084円
実際の司法書士への支払額：５万円－4,084円＝45,916円

（仕訳例）
※上記の金額の場合

借方		貸方	
支払手数料	50,000	普通預金	45,916
		預り金（源泉徴収税）	4,084

6-6 給与に関する仕訳

その月の給与に関する仕訳は，基本的に3回に分けられます。具体的には，①給与を計算したとき（給与の対象月に仕訳計上），②実際に給与を支給したとき，③税金・社会保険料を納めたときの3回です。

①給与を計算したときは，借方に費用としての給与（役員の場合は役員報酬）を計上します。この時，通勤手当は，給与とは分けて仕訳をします（「旅費交通費」などとするか，「給与」にして補助科目を分けるなど）。通勤手当は消費税の扱いが異なりますし，所得税上も非課税部分があるためです。貸方には「未払金」として，給与の差引支給額を計上します。給与計算時点では給与を支払っていないため未払金となります。また貸方には，「預り金」として社会保険料，所得税，住民税の種類ごとに補助科目を分けて，給与からの控除額を計上します。これらは従業員から一時的に預かったことを示すために預り金とします。雇用保険料の控除分は，概算納付により先に計上されている「立替金」とします（労働保険料は会社により仕訳が分かれるため，一例です）。

②給与を支払ったときは，未払金を借方に，現預金を貸方に仕訳をして，未払金を消します。

③税金・社会保険料の納付時は，それぞれの預り金を借方に，現預金を貸方に仕訳をします。社会保険料の会社負担分は，「法定福利費」として借方に仕訳をします。労働保険料の概算納付では，借方に，会社負担分を「法定福利費」，従業員負担分を「立替金」として計上します。

給与の仕訳は，毎月同じ勘定科目で，あまり変わらない金額で処理します。仕訳の確認の際は，前月までと比較してみましょう。

給与に関する仕訳

■給与に関する仕訳

①給与を計算したときの仕訳

借方		貸方	
給与 給与（通勤手当）	××× ×××	未払金 預り金（社会保険料） 預り金（所得税） 預り金（住民税） 立替金（労働保険料）	××× ××× ××× ××× ×××

②給与を支払ったときの仕訳

借方		貸方	
未払金	×××	普通預金	×××

③税金・社会保険料を納めたときの仕訳
（労働保険料は概算納付時　仕訳方法は１つの例）

借方		貸方	
預り金（所得税）	×××	普通預金	×××
預り金（住民税）	×××	普通預金	×××
預り金（社会保険料） 法定福利費（社会保険料）	××× ×××	普通預金	×××
立替金（労働保険料） 法定福利費（労働保険料）	××× ×××	普通預金	×××

労働保険料は年１回の申告・納付であり，概算納付を先に行うので，③⇒①の順番となる。年度末の確定申告時に追加で納付した場合は，借方に法定福利費や立替金を追加で計上する。確定保険料が概算よりも少ない場合は，貸借を逆にして仕訳をする。

6-7 賞与の処理

資金が限られたスタートアップですが，賞与を支給する場合もあると思います。賞与を支給する場合は給与と同じように，社会保険料や雇用保険料，所得税の控除が必要です。このとき，住民税は控除しません（毎月の給与で12等分して1年分を支払っているためです）。

賞与の社会保険料の算定では，まず従業員ごとの賞与の支給額から千円未満を切り捨てた金額を標準賞与額（健康保険は年度の累計額573万円，厚生年金保険は1か月当たり150万円が上限）と設定します。この標準賞与額に，保険料率（これはどの保険料も給与と共通です）を乗じた金額が賞与の社会保険料ですので，会社と従業員で折半します。なお，雇用保険料は，給与と同じく賞与支給額に雇用保険料率を乗じて計算します。

賞与の所得税を計算するうえでは，まず，「前月の社会保険料等控除後の給与等の金額」を求めます。「今月」ではなく「前月」である点に注意が必要です。この金額と，従業員の扶養親族等の数を国税庁が公表している「賞与に対する源泉徴収税額の算出率の表」にあてはめることで，賞与の税率を求めます。次に賞与から社会保険料等の金額を控除した金額を算出します。この金額に，先ほど求めた賞与の税率を乗じることで，源泉徴収税額が求められます。

賞与についての社会保険料や，労働保険料，所得税は，給与に対する社会保険料や，労働保険料，所得税とともに納付します。

賞与に関する仕訳は，借方に給与ではなく「賞与」を計上すること，通勤手当や住民税の預り金は通常計上されないことを除けば，給与と同様の仕訳となります。

賞与の控除額の計算，源泉徴収税額の税率

■賞与の控除額の計算

社会保険料	標準賞与額×保険料率÷2
雇用保険料	賞与の金額×雇用保険料率（労働者負担率）
所得税	（賞与の金額－社会保険料・雇用保険料）×税率

■賞与の源泉徴収税額の税率

「前月の」社会保険料等控除後の給与等の金額と，扶養親族等の数をあてはめて，左端列から税率を求める。

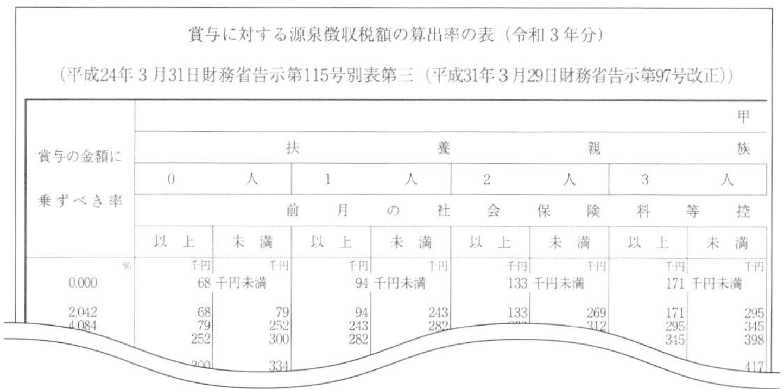

賞与に対する源泉徴収税額の算出率の表（令和３年分）

（平成24年３月31日財務省告示第115号別表第三（平成31年３月29日財務省告示第97号改正））

賞与の金額に乗ずべき率	甲 扶養親族 0人 前月の社会保険料等控除 以上	0人 未満	1人 以上	1人 未満	2人 以上	2人 未満	3人 以上	3人 未満
%	千円	千円	千円	千円	千円	千円	千円	千円
0.000	68千円未満		94千円未満		133千円未満		171千円未満	
2.042	68	79	94	243	133	269	171	295
4.084	79	252	243	282	[illegible]	312	295	345
	252	300	282				345	398
	[illegible]	334						417

（例）「前月の」社会保険料等控除後の給与等の金額が25万円で，扶養親族等の数が２人であれば，税率は2.042％

出典：国税庁ホームページ「賞与に対する源泉徴収税額の算出率の表（令和３年分）」
https://www.nta.go.jp/publication/pamph/gensen/zeigakuhyo2020/data/15-16.pdf

効率化ポイント

賞与計算は，給与計算ソフトなどにセットになっていることも多いようです。届出書作成機能などがついていることもあります。

Chapter 6

6-8 入社時の手続

スタートアップは急激に成長することもあり，人の増減が激しいものです。採用も，新卒一括採用ではなく，中途入社を基本とする会社もあります。入社手続で扱う情報は人事情報であるため，情報管理がきわめて重要です。十分に気をつけながら，手続を進めていきましょう。

入社手続時には，必要となる書類が多数ありますので，まずはそれをリスト化し，提出してもらうようにしましょう。大前提としての雇用契約書も確認し，賃金や労働時間は把握しておきます。マイナンバーも，社会保険や雇用保険の手続で必要になります。

社会保険については，「健康保険・厚生年金保険被保険者資格取得届」や，扶養親族がいる場合は「健康保険被扶養者（異動）届」「国民年金第３号被保険者資格取得届」を，雇用した日から５日以内に年金事務所や健康保険組合（組合けんぽの場合）等に提出します。

雇用保険については，「雇用保険被保険者資格取得届」などを雇用した日の翌月10日までにハローワークに提出します。これは，１週間の所定労働時間が20時間以上であり，かつ31日以上引き続き雇用すると見込まれる従業員のみです。

住民税については，中途入社などで以前から従業員が住民税を納付していた場合，普通徴収の納付期限までに「特別徴収切替届出（依頼）書」を従業員が居住する市区町村へ提出することで，特別徴収となります。ただし，従業員が普通徴収で納付する場合もあります。新卒入社などで住民税を以前に支払っていなかった場合は特に手続は不要です（翌年６月からの徴収となります）。

入社時の社会保険や住民税，必要書類

■入社時の給与からの社会保険，雇用保険，住民税の控除

	控除・徴収方法
社会保険	「翌月徴収」が一般的で，入社月の給与からは控除しない。入社月の翌月の給与から控除する。
雇用保険	入社月の給与から控除する。
住民税	中途入社などで以前より住民税を納付していた従業員は，入社月の給与から控除する（「特別徴収切替届出（依頼）書」を提出し，特別徴収を開始した場合)。
	以前は住民税の支払がなかった従業員は特に手続なし。

■入社時に提出してもらう主な書類

①雇用保険被保険者証	⑥健康保険被扶養者（異動）届
②年金手帳	⑦国民年金第３号被保険者資格取得届
③源泉徴収票（前職がある時)	⑧給与振込先の届出書
④マイナンバー	⑨各種手当支給届出書（通勤手当等)
⑤扶養控除等（異動）申告書	⑩入社誓約書・承諾書（会社による)

効率化ポイント

労務管理ソフトを使うと，入社時・退職時の手続がラクになります。ハンコや紙も不要で，オンライン手続を可能とするものもあります。入社時や退職時の必要書類を簡単に作成し，電子申請まで終えてくれるソフトもあります。また，手続自体を，社会保険労務士などにアウトソーシングすることも有効です。

6-9 退職時の手続

スタートアップは変化が激しく，従業員の離職率が高いことも時にはあります。従業員退職時の社会保険や雇用保険，所得税，住民税の手続を確認しておきましょう。

社会保険については，「健康保険・厚生年金保険被保険者資格喪失届」などを退職日の翌日から5日以内に年金事務所や健康保険組合等に提出します。雇用保険については，「雇用保険被保険者資格喪失届」などを退職日の翌々日から10日以内にハローワークに提出します。必要に応じて退職者本人に「離職票」を交付します。

所得税については，給与と退職金についての「源泉徴収票」を作成し，退職者に交付します。退職金の支払までに「退職所得の受給に関する申告書」が退職者から提出されれば，退職所得金額に応じた源泉徴収を行い，退職者の確定申告は不要となります。提出されない場合は一律で20.42%の源泉徴収を行い，退職者が確定申告で精算します。なおスタートアップの場合は退職金制度自体がないことも多いでしょう。

住民税については，「特別徴収にかかる給与所得者異動届出書」を退職日の翌月10日までに退職者の居住する市区町村に提出します。1月～5月が退職日の場合は，5月までの住民税を給与または退職金から一括で徴収します。6月～12月が退職日の場合は，①翌年5月までの残額を給与または退職金から一括徴収，②退職者本人が支払う（普通徴収），③転職先の会社が特別徴収を引き継ぐ，のいずれかを退職者が決めます。

退職時の給与は住民税などで控除が大きくなることもあるので，退職者にはその旨は伝えておくとよいでしょう。

退職時の社会保険や住民税，退職金の源泉徴収

■退職月の給与からの社会保険，雇用保険，住民税の控除

	退職時期	控除・徴収方法
社会保険	月の途中	前月分の社会保険料を控除
	月の末日	前月・今月分の２か月分の社会保険料を控除
雇用保険	いつでも	退職日が月の途中か末日かにかかわらず，給与からその月の雇用保険料を控除
住民税	１～５月	退職月の給与か退職金から残額を一括徴収
	６月～12月	①退職月の給与か退職金から残額を一括徴収，②本人が納付，③転職先の会社が納付を引き継ぐ。上記の①②③から退職者本人が方法を選ぶ。

■退職金からの源泉徴収税額の計算方法

（退職金の収入金額－退職所得控除額）×１／２＝退職所得の金額

↓

勤続年数（１年未満切上）	退職所得控除額
20年以下	40万円×勤続年数
20年超	800万円＋70万円×（勤続年数－20年）

ここで算出された退職所得金額をもとに源泉徴収税額を算定する（国税庁公表の「別紙　退職所得の源泉徴収税額の速算表」参照）。

なお役員としての勤続年数が５年以下の役員が支払を受ける役員勤続年数に対応する退職所得は，上記の計算式で１／２とはしない。

効率化ポイント

退職所得の源泉徴収票の作成では，国税庁公開の「源泉徴収票等の法定調書の作成と提出の手引き」が参考になります。

コラム　社会保険料の見直し

健康保険料や厚生年金保険料は年に一度，必ず見直されます。実際の報酬と，標準報酬月額に大きな差が生じないようにするためです。

会社は，毎年７月１日時点の従業員について「４月から６月」の給与の平均額を報酬月額として算定します（報酬月額には１か月分の基本給のほか通勤手当や残業手当など各種手当も含みます）。これを「健康保険・厚生年金保険　被保険者報酬月額算定基礎届」により，７月１日～７月10日の期間に管轄の事務センターや年金事務所に届け出ます。なお，健康保険の保険者が健康保険組合の場合（協会けんぽでない場合）には，健康保険組合にも提出が必要です。報酬月額をもとに「標準報酬月額」が決定し直され，会社に通知されます。この金額は毎年９月～翌年の８月までの保険料の計算に適用されます。これを「定時決定」といいます。基本的に前月分の社会保険料を翌月支給する給与から控除するため，10月に支給する給与から新しい社会保険料が控除されます（会社によりタイミングが異なることがあります）。

日本年金保険機構のホームページで「算定基礎届の記入・提出ガイドブック」が公表されていますので参考にできます。

６月の給与確定時	４月から６月の平均給与額から「報酬月額」を算定
７月１日～７月10日	算定基礎届に記入の上，年金事務所などに提出
９月～	標準報酬月額を保険料の計算に反映

通勤手当も含むため注意！！

なお，年の途中で，給与額が大きく変動した従業員については「被保険者報酬月額変更届」を提出することで，標準報酬月額が改定されます。これを「随時改定」といいます。

また，健康保険料（３月）の保険料率の見直しも毎年行われますので，注意しましょう。厚生年金保険料の保険料率は2017年９月以降は18.3％で固定されています。

Chapter 7

年末調整

年末調整は，年末頃にやってくる大仕事となります。従業員に協力してもらいながら，間違えのないように作業を進めていきましょう。

Chapter 7

7-1 年末調整の流れ

年末調整は，会社員にとっての確定申告にあたるものといえます。年末にその年における本来納めるべき正しい所得税額を計算して，給与から徴収していた源泉所得税額との差額を調整します。給与から徴収した金額はあくまで概算でしたので，１年間の給与支給額や，さまざまな控除額が確定した年末であらためて正しい計算を行うわけです。

毎年11月頃までには，税務署から，年末調整に関する申告書や必要書類，資料が届きますので内容を確認します。このとき，その年度の「年末調整のしかた」という説明資料（国税庁のホームページでも公開されています）は必ず目を通してください。制度改正など，年末調整に必要な手続が具体的に記載されています。

年末調整もスケジュール管理が重要です。11月には従業員に必要書類を提出してもらい内容を確認しておくとよいでしょう。12月の給与支給額が確定したら，１年間の給与支給額等を「源泉徴収簿」にて集計します。源泉徴収簿にて，それぞれの従業員の最終的な１年間の税金額である「年調年税額」を算定します。源泉所得税額との差額は，12月分の従業員への給与支払時に精算し，「源泉徴収票」も交付します。

翌年１月10日までには過不足分を調整した12月分の源泉所得税を納め，１月末日までには「給与支払報告書」や「源泉徴収票」などを市区町村や税務署に提出する必要があります。

年末の給与計算と重なり忙しくなります。また，従業員の協力も必要になります。事前にスケジュールをしっかり決めておき，確実に作業を進めていきましょう。

年末調整の流れ

■年末調整の流れ

月	No.	内容
11月	①	税務署から年末調整の書類や資料を受け取り内容確認。
	②	必要な申告書類を従業員に連絡，配付。 期日までに提出してもらう。不備がないか十分に確認（給与所得者の扶養控除等（異動）申告書，基礎控除申告書等の申告書，各証明書など）。
12月	③	12月の給与支給額が確定したら１年間の給与の支給合計額等を集計。従業員からの申告額などの情報に基づき「年調年税額」を算定。
翌1月	④	12月分の給与支払時に源泉所得税額と，年調年税額の過不足を精算（過大であれば還付，不足は徴収）。 「源泉徴収票」を本人に交付。
	⑤	翌年１月10日までに，年末調整による過不足を反映させて12月分の源泉所得税を納税。
	⑥	翌年１月31日までに，「給与支払報告書」を市区町村へ，「源泉徴収票」を税務署へ，「法定調書合計表」を税務署へ提出。

効率化ポイント

国税庁の「年末調整のしかた」には，年末調整にあたってのチェックポイントの説明や，チェックリスト，Q&Aなどが記載されています。これらを活用することが効率化につながります。税理士など専門家への相談や，年末調整の業務自体をアウトソーシングすることも有効です。

Chapter 7

7-2 従業員からの申告書類

年末調整では従業員から，必要な申告書類を期日までに確実に，正しく記載のうえで提出してもらう必要があります。

①「給与所得者の扶養控除等（異動）申告書」は，従業員の扶養親族等の状況を記載します。前年からの変化を必ず確認しましょう。

②「給与所得者の基礎控除申告書」は2020年分（令和２年）の年末調整から必要となりました。従業員が，給与所得以外の所得の合計額を見積もって記載する必要があります。基礎控除の額まで計算します。

③「給与所得者の配偶者控除等申告書」では，配偶者の合計所得金額を見積もって記載し，控除の額まで計算します。

④「所得金額調整控除申告書」も2020年分の年末調整から必要となりました。給与の収入金額が850万円を超える従業員が対象となります。金額の計算はなく，要件にあてはまるかどうかなどを記載します。

これら②，③，④の申告書は１枚の紙にまとめて記載します。

⑤「給与所得者の保険料控除申告書」では生命保険料や地震保険料などの控除を行います。保険料の控除証明書の内容を正確に記入し，提出してもらう必要があります。

⑥「（特定増改築等）住宅借入金等特別控除申告書」は，要件を満たした住宅ローンを支払っている社員に提出してもらいます。こちらも控除証明書と，借入先の金融機関等が発行している借入金の年末残高等証明書をあわせて提出してもらいます。

これらの書類を適切に記載し，提出してもらうためには，従業員への正確かつ早めの連絡が重要ですので，気をつけましょう。

従業員からの申告書類

■従業員からの申告書類

申告書類	証明書
①扶養控除等（異動）申告書	－
②基礎控除申告書	－
③配偶者控除等申告書	－
④所得金額調整控除申告書	－
⑤保険料控除申告書	・保険会社が発行する控除証明書（生命保険料，地震保険料） ・社会保険料（国民年金保険料）控除証明書（本人が直接支払ったもの） ・小規模企業共済等掛金払込証明書（本人が直接支払ったもの）
⑥（特定増改築等）住宅借入金等特別控除申告書	・（特定増改築等）住宅借入金等特別控除証明書 ・借入金の年末残高等証明書

保険会社
証明書

申告書類も年によって変わることがあるため注意！！

国税庁の「年末調整のしかた」で必要書類や記入方法，去年からの変更点を理解し，事前に従業員に伝えることが重要です！

効率化ポイント

国税庁は年末調整手続の電子化を進めており，保険料の控除証明書等をデータで取得できるシステムを始めています。国税庁のシステム以外でも年末調整の専用ソフトも出ています。

7-3 税額の計算

年末調整では，所得税の税額を計算するために，「源泉徴収簿」の集計を行います。源泉徴収簿は，会社で源泉徴収や年末調整の事務を適切に行うために，従業員１人ひとりごとに関連する情報を記録する帳簿として，国税庁のホームページに公開されています。具体的には扶養親族などの状況や，月々の給与の金額，控除した社会保険料等の金額，源泉徴収した所得税額，賞与の金額などを記録します。

年末調整では，次ページのような作業を行い，従業員１人ひとりごとに１年間の税額（「年調年税額」）を算定します。さらに，これまでの源泉徴収税額との差額から，精算すべき過不足額を算定します。源泉徴収簿の記載内容を埋めていくことで，これらの算定ができるしくみとなっています。なお，給与等の金額が2,000万円超の人には年末調整を行いません。役員などで該当する場合は注意しましょう。

税額の計算においては，国税庁の「年末調整のしかた」を参照しながら作業を進めましょう。「年末調整等のための給与所得控除後の給与等の金額の表」や「年末調整のための算出所得税額の速算表」などの表もすべて記載されています。かなり情報量が多いですが，１つずつの作業を確実に行っていきましょう。

源泉徴収簿は法定の書類ではありません。このため，給与台帳等に源泉徴収などの記録が十分になされているのであれば，それらを利用することもできます。「源泉徴収票」と異なり，税務署などに提出する必要もありません。

税額の計算の流れ

■税額の計算の作業の流れ

①	12月の給与支給額が確定したら１年間の「源泉徴収簿」を集計。具体的には給与の支給合計額，控除社会保険料，源泉所得税額，賞与の支給合計額等を集計。
②	給与と賞与の支給額につき「年末調整等のための給与所得控除後の給与等の金額の表」にあてはめて，「給与所得控除後の給与等の金額」を算定（通勤手当など非課税部分は除く)。
③	「所得金額調整控除」がある場合は調整控除後の金額を算定。
④	従業員からの申告に基づき，各種所得控除額合計額を計算（扶養控除，社会保険料控除，生命保険料控除など)。
⑤	「③の金額」から「④の金額」を差し引いて「差引課税給与所得金額」を算出。
⑥	「差引課税給与所得金額」から「算出所得税額」を算定（「年末調整のための算出所得税額の速算表」にあてはめる)。
⑦	住宅借入金等控除などの税額控除がある場合は，算出所得税額から差し引き，「年調所得税額」を算定。
⑧	年調所得税額に102.1％を乗じて「年調年税額」を算定。
⑨	年調年税額と，これまでの源泉徴収税額との差額により，精算すべき過不足額を算定。

効率化ポイント

源泉徴収簿，源泉徴収票も会計ソフト，給与計算ソフトで作成できるものがあります。年末調整は基礎となる情報に従業員の申告によるものも多く含まれます。そもそもの情報の誤りがないかにも十分注意を払うことがよいでしょう。

7-4 源泉徴収票の提出

年末調整の結果，１年間の所得税額が確定したら，１年間の給与総額，確定した所得税額，年末調整による申告内容などを記載した「給与所得の源泉徴収票」（給与支払報告書）を作成します。

「給与所得の源泉徴収票」（給与支払報告書）は４枚複写式になっていて，市区町村，管轄の税務署，従業員本人に提出します。１枚目・２枚目は「給与支払報告書（個人別明細書）」と呼び，その市区町村の全員の分をまとめて「給与支払報告書（総括表）」を付して，市区町村に提出します。これは，翌年の住民税額の決定に使われます。３枚目は「源泉徴収票」として税務署に提出します。これは，年末調整をしたもののうち，給与等の支払金額が500万円を超えるものなど，一定の条件を満たしたもののみとなります。４枚目は「源泉徴収票」として，従業員本人に交付します。従業員本人に交付した際は，必ず内容に不備がないかを確認してもらいましょう。

源泉徴収票の詳細な記載方法は，国税庁が公表している「給与所得の源泉徴収票等の法定調書の作成と提出の手引」を見ることで確認できます。源泉徴収簿や，各種控除申告書の内容をもとに作成します。

なお税務署には，給与所得の源泉徴収票のほか，退職金を払った場合の「退職所得の源泉徴収票」や，弁護士など専門家に料金を支払った場合の「報酬，料金，契約金および賞金の支払調書」といった書類（「法定調書」と呼びます）も提出が必要となります。これらをまとめて，「給与所得の源泉徴収票等の法定調書合計表」を作成し，それに給与所得の源泉徴収票を添付して提出することとなります。

源泉徴収票・給与支払報告書

■源泉徴収票・給与支払報告書の提出（4枚複写式）

書類名	時期	提出先	備考
1枚目 給与支払報告書 （個人別明細書）	1月31日まで	市区町村	同じ市区町村に住んでいる従業員全員の分を，「給与支払報告書（総括表）」を付して提出
2枚目 給与支払報告書 （個人別明細書）			
3枚目 給与所得の源泉徴収票 （税務署提出用）	1月31日まで	税務署	給与等の支払金額が500万円を超える人など
4枚目 給与所得の源泉徴収票 （本人交付用）	12月分の給与支給時など	従業員	本人に不備がないかを確認してもらう

国税庁が公表している「給与所得の源泉徴収票等の法定調書の作成と提出の手引」で記載方法や注意点を確認しよう！

効率化ポイント

源泉徴収票の各社員への交付も，事前承諾を得るなどすることで紙ではなくウェブ上で交付することもできます。税務署への法定調書の提出もe-Taxを使えば便利です（法定調書の枚数が多い場合は，e-Taxの使用が義務づけられています）。

コラム マイナンバー

最近は個人でもマイナンバーを利用した手続が増えてきていますが，会社でも従業員の健康保険や厚生年金，雇用保険等の手続，給与の源泉徴収票の作成の際などに，従業員のマイナンバーの記載が求められています。このため，パートやアルバイトも含め，会社は全従業員のマイナンバーを取得することが必要です。また，「報酬，料金，契約金および賞金の支払調書」では支払先のマイナンバーも必要となります。

マイナンバーは，きわめて重要な個人情報にあたるため，会社としてもしっかりと取扱いましょう。行政機関である個人情報保護委員会のウェブサイトでは，「特定個人情報の適正な取扱いに関するガイドライン」として，マイナンバーの取扱いのガイドラインが公表されています。また，ガイドライン資料集として，中小企業向けに分かりやすい解説も公表されていますので，あわせて参考にしてください。

■マイナンバーについて会社が気をつけること

○従業員から取得の際は，利用目的を明示する
○社会保険，雇用保険，税金関係の手続書類を提出する場合以外は，基本的にはマイナンバーは利用できない
○マイナンバー取得の際は，個人番号カードなどで本人確認を行う
○マイナンバーを扱う担当者を決めておく
○マイナンバーの記載や書類提出の際は，記録を残す
○マイナンバーが記載された書類は，厳重に保管する
○マイナンバーをデータで保管する場合，アクセス管理など，十分なセキュリティを確保する
○マイナンバーは，必要がある場合にのみ保管し続けられる。マイナンバーが記載された文書は保存期間後に速やかに廃棄する
○マイナンバーの基本方針の策定，取扱規定等の策定など，安全管理措置を講じる

Chapter 8

決　　算

決算は経理の１年間の総まとめです。決算は，役員や株主，銀行や外部の投資家など，さまざまな利害関係者が注目します。

8-1 決算の目的

決算は経理にとって１年に１度の大仕事です。決算日までの１年間，経理が処理してきた取引を集計して，会社の財政状態と経営成績をまとめます。これらを「貸借対照表」と「損益計算書」といった「決算書」として作ることがゴールです。

決算書は，取締役会または株主総会に提出され，承認を受けます。そののちに官報などで広く公開されます（「決算公告」といいます）。決算公告の対象は，スタートアップのような非上場会社の場合，大会社（資本金５億円以上か，負債200億円以上のいずれかを満たす会社）であれば貸借対照表と損益計算書，大会社でなければ貸借対照表のみです。

決算書を作成する第一の目的は，株主への報告です。スタートアップの場合，最初の株主は経営者だけでも，その後，外部の株主が加わるケースもよくあります。株主はお金を出資しますが，経営に携わらない外部の株主は会社の状況は分かりません。そのため，決算書を通して会社の状況を理解できる制度となっています。

株主以外でも会社を取り巻くさまざまな人が決算書を利用します。銀行等の金融機関，取引先，会社の従業員も，決算書を見ることで会社の状況を理解できます。スタートアップでは資金調達も重要ですが，新たな出資や融資を求めるときも決算書が重要な判断材料となります。

経営層が会社の状況を知るうえでも決算書は有用です。客観的な数字を分析することで，経営判断のための材料とすることができます。

そのほか，税務申告は確定した決算書の金額に基づき行われますし，配当金の計算も決算書の金額をベースとします。

決算書の種類，キャッシュ・フロー計算書

■主な決算書の種類

B/S	P/L	S/S	C/F
資産負債の情報	損益の情報	純資産の情報	資金の情報
貸借対照表（8-7参照）	損益計算書（8-8参照）	株主資本等変動計算書（8-9参照）	キャッシュ・フロー計算書（必須でない）

■キャッシュ・フロー計算書（C/Fともいう）

キャッシュ・フロー計算書は，1つの期間の資金（現金や普通預金など）の増減について，収入と支出を営業活動・投資活動・財務活動に区分し表示するもの。中小企業では作成は不要だが，資金繰り表（1-6参照）として利用することも有効。上場会社では作成，公表は必須であり，IPOを目指すスタートアップでも上場申請にて作成が必要となる。

営業活動によるキャッシュ・フロー	
：	XXX
投資活動によるキャッシュ・フロー	
：	XXX
財務活動によるキャッシュ・フロー	
：	XXX
現金及び現金同等物の増減額	XXX
現金及び現金同等物の期首残高	XXX
現金及び現金同等物の期末残高	XXX

8-2 決算の流れ

決算日は会社によって異なり，上場企業では３月31日（３月決算）が多くを占めます。中小企業では，３月31日が多いものの，その他の月末日を決算日とする会社も多いようです。

決算日付近は経理にとってはもっとも忙しい時期となります。仕事を整理して，できる仕事は前倒しにしましょう。

決算は事前準備をしておくほど楽になります。その意味では月次決算をしっかり行うことが重要でしょう。会計ソフトを使えば，毎日仕訳を入れていくだけでその月の試算表まで作成されます。月の仕訳を固めておけば，年度決算ではそれに年度末としての「決算整理仕訳」を入れることで，会計ソフト上では決算書が完成することになります。

決算では，決算日の１か月前頃から動きだします。この頃から必要な情報を意識して集めるようにしましょう。このときは，従業員，役員の協力も不可欠です。年度の決算を確定するために，従業員や役員，社外の取引先が持っているその年度の経理に関する情報はすべて出してもらう必要があります。未提出の経費精算や取引先への請求書の出し忘れなどがないよう，提出期限を設定し，必要に応じて直接ヒアリングするなどして，確実に情報を集めましょう。

決算日には，棚卸資産の棚卸を行います。そして決算日を過ぎたらまずは決算月の月次決算を行います。12か月分の月次決算を固めたら，決算整理を加えて決算書を作ります。決算日の翌々月頃には定時株主総会が開催され，決算書が提出されます。定時株主総会後，基本的には決算日から２か月以内に税務署に税金を申告します。

決算のスケジュールと流れ

■ 3月31日が決算日の会社の場合の，決算スケジュール例

3月初め 3月中 3月31日 （決算日）	○従業員，役員，取引先に向けて，締日までの経費精算の提出や請求書の発行を依頼する。 ○年度末決算の準備（決算整理仕訳の確認，棚卸準備） ○棚卸を実施
4月～5月	○3月の月次決算 ○決算整理仕訳（売上原価算定，減価償却，経過勘定の計上，長短振替，引当金の計上など） ○決算書作成 ○決算書を役員に提出
5月～6月	○定時株主総会に決算書提出 ○定時株主総会の終結後，決算公告 ○税金の申告納付（基本的に決算日から2か月以内までだが，要件を満たせば延長可能）

■決算書は，毎日の仕訳が基本

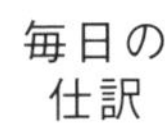
毎日の仕訳

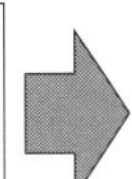

月次決算（12か月分）

決算整理

決算書

効率化ポイント

　スタートアップの場合は，決算整理の種類も限られていることが多いため，会計ソフトを使い，月次決算をこなしておけば，決算作業もそこまで大変ではなくなります。決算作業について税理士や公認会計士などの専門家に依頼することも一般的です。

8-3 棚卸と売上原価

会社の決算日に行う大事な作業が「棚卸」です。

決算日には，商品や製品，原材料などのいわゆる棚卸資産の数量を数えて確認します。月次決算や四半期，半期決算で行う場合もあります。いずれにせよ，スケジュールはしっかり確保しておきましょう。

棚卸には準備が必要です。まず，棚卸の方法についてはマニュアルと，数量などを記入する棚卸表を用意しておきましょう。前年からマニュアルや棚卸表がある場合でも，実際の保管場所，商品の状況が変わっている可能性もあります。決算日より前の段階で現地に行って，マニュアルに問題はないか確認することも重要です。また，棚卸は複数人数でやることが基本です。分担は決めておきましょう。

実際の棚卸では，複数で回り，カウントして棚卸表に記録します。この際，問題がある商品等があれば確かめておきましょう。すべての商品等のカウントが終わったら，棚卸表を集計します。集計結果の数量については，商品等ごとに帳簿上の数量と照合して，棚卸を終えます。

次に売上原価の計算です。商品を仕入れて販売している場合，棚卸によって，期末商品の在庫数量が確定したら，それに商品ごとの在庫単価を乗じることで，期末商品棚卸高を求めます。この在庫単価については会社ごとに評価方法を決めますので，決めたルールに基づいて算定しましょう。期首商品棚卸高に，当期商品仕入高を足して，期末商品棚卸高を差し引くことで，売上原価を求めることができます。

この売上原価を，売上高から差し引くことで，売上総利益（いわゆる粗利益）を求めることができます。

棚卸の流れと売上原価の算定

■棚卸資産の棚卸の流れ

棚卸の事前準備

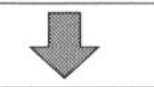

棚卸の実施

棚卸表の集計

集計結果と帳簿上の数量との照合

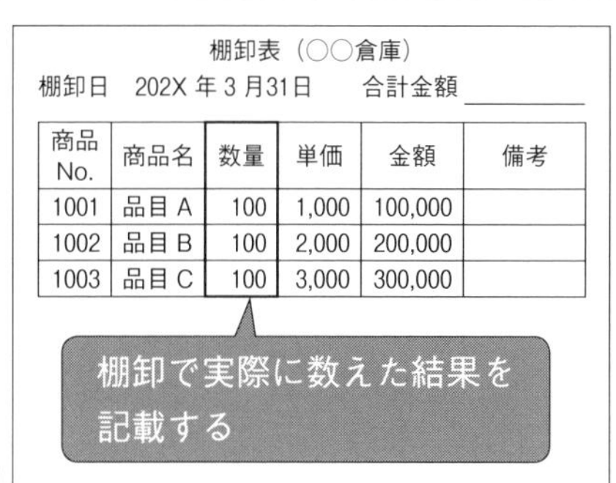

棚卸表（○○倉庫）

棚卸日　202X 年 3 月31日　　合計金額＿＿＿＿

商品No.	商品名	数量	単価	金額	備考
1001	品目 A	100	1,000	100,000	
1002	品目 B	100	2,000	200,000	
1003	品目 C	100	3,000	300,000	

■売上原価の算定

在庫の数量 × 在庫単価 ＝ 期末商品棚卸高

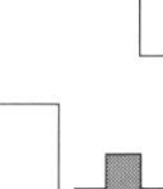

期首商品棚卸高 ＋ 当期商品仕入高 － 期末商品棚卸高 ＝ 売上原価

○売上原価を計算するための仕訳

（例）期首商品棚卸高 1 万円，期末商品棚卸高 2 万円のときの仕訳

期首棚卸資産の振替

借方		貸方	
仕入	10,000	商品	10,000

期末棚卸資産の振替

借方		貸方	
商品	20,000	仕入	20,000

効率化ポイント

棚卸を代行する棚卸代行サービスや，物流全体をアウトソーシングして在庫管理をしてもらう方法もあります。

Chapter 8

8-4 固定資産の減価償却

固定資産は長期間にわたり使用できる資産ですが，年月が経つとどんどん価値が下がるものがあります。このような資産が，減価償却資産です。逆に，土地や絵画のように年月の経過と価値があまり関係ないものを，「非減価償却資産」といいます。減価償却資産は購入したときの代金である取得価額について，資産が使用できる期間にわたって配分することで費用化します。これを減価償却といいます。減価償却は，年度末だけでなく，月次決算などで実施することもあります。

資産が使用できる期間は，通常は，資産の種類ごとに，国税庁で公表されている法定耐用年数を参照します。なお，取得価額が10万円未満のものや，１年未満で使用するものは，少額減価償却資産として，その年度の費用にできます。取得価額が10万円以上20万円未満のものは，一括償却資産として，３年間にわたって減価償却できます（**3-5**参照）。

減価償却費の計算方法には，主に定額法と定率法があります。定額法は，毎期一定額を償却する方法，定率法は毎期首の帳簿価額に一定の率を乗じた金額を償却する方法です。会社ごとに決めているルールにそって償却します。

また，減価償却費の仕訳には，直接法と間接法の２つの方法があります。直接法では，固定資産の帳簿価額からそのまま減価償却費を控除します。間接法では，毎期の減価償却費を減価償却累計額に集計します。これはこれまでの累計での減価償却費を表すものです。

なお決算書では，計算書類の附属明細書の一部に有形固定資産および無形固定資産の明細を記載します。

減価償却費の算定方法と仕訳

■減価償却費の算定方法

○定額法

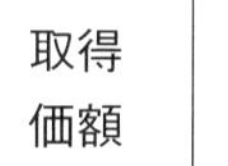

取得価額  定額法償却率 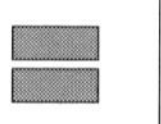 減価償却費

○定率法

期首帳簿価額  定率法償却率 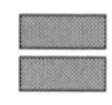 減価償却費

定額法も定率法も，償却率は，法定耐用年数によって決まる。

定額法の減価償却費は，基本的に毎期一定。定率法の減価償却費は，最初のころは多いが，年を経るごとに少なくなる。

■減価償却費の仕訳

（例）器具備品の減価償却費10万円を計上するとき

○直接法

借方		貸方	
減価償却費	100,000	器具備品	100,000

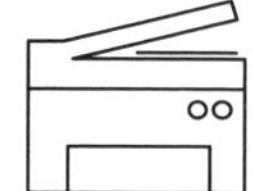

○間接法

借方		貸方	
減価償却費	100,000	減価償却累計額	100,000

Chapter 8

8-5 経過勘定の計上

決算整理では経過勘定の計上も行います。経過勘定は，継続的にサービスを提供したり提供を受けたりする場合に決算日の時点までの収益と費用を適切な期間に配分する勘定です。経過勘定には，前払費用，未払費用，前受収益，未収収益の４つがあります。

前払費用は，決算日までに先払いした費用です。オフィスの家賃など翌月分を先払いする場合はこちらに該当します。先払いした金額のうち翌期以降の分を前払費用として計上します。「費用の繰延」ともいいます。

前受収益は，決算日までにサービスを提供していないのに，代金を先払いで受け取っている収益のことです。あまり見かけませんが，業種によっては計上があります。先払いで受け取った金額のうち，翌期以降の分の収益を前受収益として計上します。これを「収益の繰延」といいます。

未払費用は，決算日までにサービスを受けているのに，後払いにしている費用のことです。借入金の利息などで，後払いのものはこれに該当します。後払いとなった金額のうち，当期までの分を未払費用として計上します。これを「費用の見越」といいます。

未収収益は，決算日までにサービスを提供しているのに，代金が未回収となっている収益のことです。従業員への貸付金の利息などで，後払いで受け取るものはこれに該当します。後払いの金額のうち，当期までの分を未収収益として計上します。これを「収益の見越」といいます。

経過勘定は基本的に流動資産，流動負債に計上します。実務上は，借入金の保証料や，オフィスの火災保険料などで，期間が１年超にわたるため，固定資産の長期前払費用を計上するケースがあります。

経過勘定の種類と仕訳

■経過勘定の種類

①前払費用	費用の繰延	翌期以降の分の費用を計上
②前受収益	収益の繰延	翌期以降の分の収益を計上
③未払費用	費用の見越	当期までの分の費用を計上
④未収収益	収益の見越	当期までの分の収益を計上

■経過勘定の仕訳

①前払費用

（例）翌月分のオフィス家賃40万円をすでに支払っていたとき

借方		貸方	
前払費用	400,000	地代家賃	400,000

②前受収益

（例）翌月分の貸付金の利息３万円をすでに受け取っていたとき

借方		貸方	
受取利息	30,000	前受収益	30,000

③未払費用

（例）決算月分の借入金の利息４万円をまだ支払っていないとき

借方		貸方	
支払利息	40,000	未払費用	40,000

④未収収益

（例）決算月分の貸付金の利息５万円をまだ受け取っていないとき

借方		貸方	
未収収益	50,000	受取利息	50,000

Chapter 8

8-6 引当金の計上

決算整理では，引当金を計上することもあります。よく計上されるものとして，「貸倒引当金」「賞与引当金」「退職給付引当金」があります。引当金は，将来に費用や損失が発生することを見込んでいる場合に，あらかじめ費用または損失として処理し，負債や，資産のマイナス（「貸倒引当金」など）として計上するものです。「貸倒引当金」の場合は，売掛金などの債権のうち，得意先が倒産したなどの理由で回収が難しそうな部分について計上することになります。「賞与引当金」は，翌期に支払を見込む賞与の金額のうち，当期の労働の対価として対応する部分を見込んで計上します。なお，金額が確定していて，見積もりが不要の場合には引当金は計上せず，「未払金」などの科目で計上します。

引当金を計上するには4つの要件があります。①将来の特定の費用または損失であって，②その費用または損失が当期以前の事象に起因して発生するもので，③発生の可能性が高く，④その金額を合理的に見積もることができる場合に，引当金を計上します。このため，発生の可能性が低い場合や，金額の見積もりができない場合などは，引当金は計上しません。

貸倒引当金の計上には差額補充法を用います。これは，前期に計上した貸倒引当金の残高と，当期に計上する貸倒引当金との差額を計上する仕訳です。当期末の貸倒引当金残高が前期末残高よりも少なければ，貸倒引当金を減らす（借方に計上する）こととなります。このときの損益は「貸倒引当金繰入額」「貸倒引当金戻入額」という勘定科目を使います。なお洗替法という方法もありますが，企業会計では，中小企業は差額補充法によることが推奨されています。

引当金の仕訳

■引当金の仕訳（貸倒引当金の場合）

①当期末残高のほうが多い場合　前期末貸倒引当金の残高３万円

（例）当期末の貸倒引当金は７万円必要と見積もる

前期末の残高３万円と当期末の見積もり額７万円の差額４万円を繰入

借方		貸方	
貸倒引当金繰入額	40,000	貸倒引当金	40,000

②前期末残高のほうが多い場合　前期末の貸倒引当金の残高３万円

（例）当期末の貸倒引当金は２万円必要と見積もる

前期末の残高３万円と当期末の見積もり額２万円の差額１万円を戻入

借方		貸方	
貸倒引当金	10,000	貸倒引当金戻入額	10,000

「貸倒引当金繰入額」は営業費用（売掛金のような営業上の債権である場合）または営業外費用（営業外の取引に基づく債権である場合）に按分して計上する。「貸倒引当金戻入額」は営業費用または営業外費用から控除するか，営業外収益として計上する。

効率化ポイント

引当金の計上のための金額の見積もりには，引当金ごとにそれぞれ方法がありますが，難しいものです。見積もりだからといって，会社に都合のいいような金額を持ってくることはできません。また，企業会計のルールと税務会計のルールでの違い（**9-2**参照）もあります。税理士や公認会計士など，社外の専門家に相談してしまうのが近道でしょう。

8-7 貸借対照表（B/S）

決算整理をした後に作成する決算書について見てみましょう。

貸借対照表はB/Sとも呼ばれ，会社のある一時点での財政状態を表します。貸借対照表は資産の部，負債の部，純資産の部に分かれており，左側が資産の部，右上が負債の部，右下が純資産の部となります。

資産の部は，会社に利益をもたらす財産を表し，流動資産，固定資産，繰延資産の3つに分かれます。流動資産は，主に1年以内に換金できる資産で，現預金や売掛金，商品などの棚卸資産，前払金などが該当します。固定資産は，さらに有形固定資産・無形固定資産・投資その他の資産に分かれます。有形固定資産は，器具備品や土地・建物など長期間にわたり使用できる資産です。無形固定資産は，固定資産のうちソフトウェアや特許権など，具体的な形がないものです。投資その他の資産は，これら以外の固定資産で，敷金や投資有価証券などです。繰延資産は，株式交付費などが該当します。

負債の部は，会社が返済すべき債務を表し，流動負債，固定負債に分かれます。流動負債は返済期限が1年以内のものを表し，買掛金や短期借入金があります。固定負債は返済期限が1年超のものを表し，長期借入金などがあります。

決算整理では，借入金などで，上記の流動資産・固定資産と流動負債・固定負債を振り替える長短振替という作業も行います。

純資産の部は，資産から負債を差し引いて計算されます。株主資本，評価・換算差額等，新株予約権に分かれます。出資による資本金や，これまで獲得した利益である利益剰余金，新株予約権などが該当します。

貸借対照表のイメージ

■貸借対照表

20XX 年 XX 月31日現在　(単位：円)

科目	金額	科目	金額
(資産の部)		(負債の部)	
流動資産	×××	流動負債	×××
⋮		⋮	
固定資産	×××	固定負債	×××
⋮		⋮	
繰延資産	×××	負債合計	×××
		(純資産の部)	
		株主資本	×××
		評価・換算差額等	×××
		新株予約権	×××
		純資産合計	×××
資産合計	×××	負債・純資産合計	×××

流動資産，流動負債は上側に，固定資産，固定負債は下側に表示されます！

○(資産の部) 貸借対照表の左側

⇒流動資産（現預金や売掛金など）・固定資産（器具備品やソフトウェアなど）・繰延資産（株式交付費など）に分かれる。

○(負債の部) 貸借対照表の右上

⇒流動負債（買掛金など）・固定負債（長期借入金など）に分かれる。

○(純資産の部) 貸借対照表の右下

⇒資産と負債の差。資本金や新株予約権など。

Chapter 8

8-8 損益計算書（P/L）

次にP/Lとも呼ばれる損益計算書を見てみましょう

損益計算書は，1期間における収益と費用，会社の利益を表します。

もっとも上にあるものが売上高であり，会社の営業活動である商品の販売やサービスの提供によって得た収益を表します。この売上高を得るために直接必要とした費用は売上原価です。売上高から売上原価を差し引いたものが売上総利益（売上総損失）です。

販売費及び一般管理費（販管費と略されます）は，営業活動で使った費用で売上原価とならないものです。売上総利益から販管費を差し引いたものが営業利益（営業損失）です。

営業外収益と営業外費用は，会社の営業活動とは関係なく生じた収益や費用です。預金や借入金の受取利息や支払利息などがこれにあたります。営業利益に営業外収益と営業外費用を調整したものが，経常利益（経常損失）です。

特別利益と特別損失は，たとえば災害による損失など，臨時的に発生したものです。経常利益にこれらを調整したものが，税引前当期純利益（税引前当期純損失）です。

法人税，住民税及び事業税は，法人税や住民税等の金額を表します。法人税等調整額は，税務上の損益である課税所得と，企業会計上の当期純利益との差額を調整する金額で，税効果会計の適用により計上されます（中小規模の非上場会社では，適用していない会社も多いようですが）。税引前当期純利益にこれらを調整したものが当期純利益（当期純損失）です。これは最終利益（最終損失）とも呼ばれます。

損益計算書のイメージ

■損益計算書（自20XX年X月1日　至20XX年XX月31日）

（単位：円）

科目	金額
売上高	×××
売上原価	×××
①売上総利益（売上総損失）	×××
販売費及び一般管理費	×××
②営業利益（営業損失）	×××
営業外収益	×××
営業外費用	×××
③経常利益（経常損失）	×××
特別利益	×××
特別損失	×××
④税引前当期純利益（税引前当期純損失）	×××
法人税，住民税及び事業税	×××
法人税等調整額	×××
⑤当期純利益（当期純損失）	×××

利益の項目	利益の算定方法
①売上総利益（売上総損失）	売上高－売上原価
②営業利益（営業損失）	①－ 販売費及び一般管理費
③経常利益（経常損失）	②＋（営業外収益－営業外費用）
④税引前当期純利益（税引前当期純損失）	③＋（特別利益－特別損失）
⑤当期純利益（当期純損失）	④－（法人税，住民税及び事業税＋法人税等調整額）

Chapter 8

8-9 その他の決算書

スタートアップのほとんどは株式会社です。会社法の決まりで，株式会社が年度末に作成を求められる貸借対照表，損益計算書以外の決算書についても確認しましょう。

会社法で求められる決算書は，大きく「計算書類及びその附属明細書」と，「事業報告及びその附属明細書」に分けられます。貸借対照表と損益計算書は，計算書類に含まれるものであり，そのほかには「株主資本等変動計算書」と，「個別注記表」を作成します。

「株主資本等変動計算書」は増資など，会社の純資産の部，特に株主資本の部分の１年間の変動を示すもので，S/Sともいいます。通常，株主資本には，当期純利益と，剰余金の配当に関する項目が記載されますが，増資などが生じた場合はそれによる株主資本（資本金や資本準備金など）の変動を記載します。

「個別注記表」は，貸借対照表，損益計算書，株主資本等変動計算書を理解するうえで必要な情報を注記の形で示すものです。独立の注記表として作成せずに，それぞれに脚注として示すこともできます。たとえば，固定資産の減価償却の方法や，株式交付費のような繰延資産の処理方法，提供している担保の情報を記載する注記があります。

「計算書類の附属明細書」では有形固定資産と無形固定資産，引当金，販売費及び一般管理費について，それらの明細が記載されます。

「事業報告及びその附属明細書」には，その年度での株式会社の状況に関する重要な事項を記載します。公開会社や，会計監査を受けている場合などは，事業報告で記載すべき事項は多くなります。

会社法で求められる決算書，株主資本等変動計算書

■会社法で求められる決算書（あわせて計算書類等ともいう）

計算書類及びその附属明細書	
貸借対照表（B/S）	決算日での会社の財政状態を示す
損益計算書（P/L）	1年間の会社の経営成績を示す
株主資本等変動計算書（S/S）	増資など，会社の純資産の部，特に株主資本の1年間の変動を示す
個別注記（表）	B/S，P/L，S/S を理解するうえで必要な情報を注記の形で示す
附属明細書	計算書類の附属書類として，固定資産や引当金，販管費の明細を記載
事業報告及びその附属明細書	
事業報告	事業年度に係る株式会社の状況に関する重要な事項を記載
附属明細書	事業報告の内容を補足する事項を記載

■株主資本等変動計算書の例

	株主資本						新株予約権	純資産合計
	資本金	資本剰余金		利益剰余金		株主資本合計		
		資本準備金	資本剰余金合計	その他利益剰余金 繰越利益剰余金	利益剰余金合計			
当期首残高	100	50	50	200	200	350	40	390
当期変動額								
新株の発行	60	60	60			120		120
当期純利益				40	40	40		40
株主資本以外の項目の当期変動額（純額）							10	10
当期変動額合計	60	60	60	40	40	160	10	170
当期末残高	160	110	110	240	240	510	50	560

コラム 月次決算

多くの会社は月次決算を行っています。特にスタートアップの場合，1年の中でも急速に事業内容が拡大することもあります。また，策定した事業計画に対する実績も定期的に確認したいでしょう。経営層が自社の状況をタイムリーに把握するためにも，スタートアップでも1か月単位での業績の確認は実施した方がよいでしょう。

月次決算の流れは会社により異なりますが，年度決算との違いは決算整理を簡略化することがある点，決算書の形にまとめなくてよい点です。

月末が近づいたら，経費精算や請求書などの提出を社内外に周知します。月末を過ぎ，締め切りをしたら，その月の毎日の仕訳はもれなく正確に入れるようにします。毎日の仕訳を入れたら，決算整理仕訳を入れます。在庫についてはしっかり棚卸を行う場合もあれば，帳簿上で簡便にすませる場合もありますが，売上原価を算定し仕訳を入れます。減価償却費や経過勘定の計上，長短振替も行います。

会計ソフトを使っていれば，決算整理仕訳までを入れれば試算表はできます。試算表ができたら，まずは自己チェックをしましょう。自己チェックにおいて重要なのは，「比較すること」です。会計ソフトで月次推移表や前年対比表が作成できるなら，必ずそれを確認しましょう。理由が分からない増減があったとしたら，それを調べると，ミスに気づくことが多いものです。また，残高がその月から急にゼロやマイナスになっているような勘定科目には特に気をつけましょう。

チェックを終えたら，役員が求める様式にまとめて，提出します。これで月次決算は無事終了となります。

Chapter 9

税金・税務

会社が支払う税金といえば，法人税と消費税が代表的です。これらの税金も含めて会社が払うことになる税金のしくみを見てみましょう。

Chapter 9

9-1　会社の税金

会社が納める税金にはさまざまな種類があります。スタートアップでは赤字が続くことも多いですが，その場合でも払わなければいけない税金はあります。税金の種類やしくみについて理解しておきましょう。

税金は，大きくは国税と地方税に分けられます。

国税は基本的に国に対して納付するものです。法人税，特別法人事業税，消費税，印紙税，所得税などがこれにあたります。

地方税は基本的に地方自治体に対して納付します。市町村税と道府県税に分けられ，法人住民税，法人事業税，固定資産税，不動産取得税，自動車税，住民税などはこちらにあたります。

会社が納める税金としてもっとも代表的なものは，法人税と消費税です。法人税は，会社の所得（利益や儲けといえます）に対して課される税金です。消費税は商品の販売やサービスの提供に課されるものです。売上などで預かった消費税から，仕入や経費で支払った消費税を差し引いた金額を国に納めます。ただし，要件を満たせば免税事業者となり，課税されません。

所得税と住民税は，**6-4**で説明のとおり，基本的には従業員から会社が徴収します。なお，所得税には預貯金の利子や株式の配当金など，会社が源泉徴収されるものもあります。

印紙税は，経理であればなじみ深い税金となります。登録免許税も，増資などで登記の変更が生じやすいスタートアップでは触れる機会もあるでしょう。事業所税や，不動産取得税，自動車税はスタートアップでは支払わなくて済むことも多いと考えられます。

会社に関係する主な税金

■会社に関係する主な税金の一覧

税金の種類	説明
法人税	会社の所得に対してかかる国税。
法人住民税	法人税の金額や（法人税割），法人の規模（均等割）に対してかかる地方税。
法人事業税	会社の所得に対してかかる地方税。資本金1億円超の会社は外形標準課税（資本割・付加価値割）も。
特別法人事業税	会社の所得に対してかかる国税だが法人事業税とともに納付。法人事業税の所得割額の一定割合。2019年10月以後の開始の事業年度から適用。
消費税	商品の販売やサービスの提供にかかる国税。預かった金額から，支払った金額を差し引いた金額を納付。
事業所税	指定された大都市で，床面積・従業者数が一定規模以上の事業所にかかる地方税。
印紙税	契約書，領収書，手形など特定文書にかかる国税。
登録免許税	不動産や会社の登記や特許などにかかる国税。
固定資産税（償却資産税）	固定資産にかかる地方税。償却資産に対するものは償却資産税ともいう。
不動産取得税	不動産の取得時にかかる地方税。
自動車税	自動車の所有者にかかる地方税。
所得税（①会社）（②個人）	①預貯金の利子や株式の配当金などにかかる国税。利子や配当受取時に源泉徴収される。 ②従業員の給与・賞与にかかる。源泉徴収する。
住民税（個人）	従業員の所得に対する所得割と，一律で定額が課される均等割がある地方税。会社が特別徴収する。

Chapter 9

9-2 法人税の算定

法人税や消費税の手続は，もともと複雑なうえに，毎年改正が行われているため難解ですので，税理士に任せるのが一般的です。しかし，経理担当者として，おおよそのしくみは理解しておきましょう。

法人税は，その事業年度（基本的に1年間）の会社の所得（利益，儲け）に対して課される国税です。個人の所得に対する税金は所得税でしたが，法人の所得に対する税金は法人税となるイメージです。

法人税の算定にあたっては，まず所得金額を計算します。所得金額は，会社が決算により作成した損益計算書における当期利益をベースに，調整をして計算します。損益計算書では，「収益－費用＝利益」でしたが税務申告上は「益金－損金＝所得」と考えます。「収益と益金」と「費用と損金」はそれぞれ似ていますが異なる部分があります。この異なる部分を調整して法人税法上の所得金額を算定します。

会社の決算は「企業会計」のルール，所得金額の計算は「税務会計」のルールで行います。税務会計のルールは，国が税金を公平に確保することも目的となるため，政策的な調整が入ってきます。この調整には益金算入，益金不算入，損金算入，損金不算入の4種類があります。

所得金額を求めたら，これに税率を乗じることにより法人税額を算定します。中小事業者等には，2023年3月31日までは特例として軽減税率が適用されることとなっています。

なお法人税申告書では，同じく国税である地方法人税も申告します。地方法人税は，「法人税額」に10.3%の税率を乗じて算定します。納付も，法人税と同じ書面で行います。

法人税の算定

■法人税の算定

○企業会計上の利益と法人税法上の課税所得

収益－費用＝当期利益	当期利益（企業会計上の利益）

⇩ 税務調整

益金－損金＝所得	（法人税法上の所得）

○税務調整の種類

①益金算入	所得に加算	企業会計上の収益には計上されないが，法人税法上は益金にする。 （例：無償譲渡）
②益金不算入	所得に減算	企業会計上の収益には計上しているが，法人税法上は益金にしない。 （例：受取配当金）
③損金算入	所得に減算	企業会計上の費用には計上されないが，法人税法上は損金にする。 （例：繰越欠損金）
④損金不算入	所得に加算	企業会計上の費用には計上しているが，法人税法上は損金にしない。 （例：減価償却資産の償却限度超過額）

○法人税の税率（普通法人の場合）

※中小事業者の特例適用会社

区分	所得金額のうちの区分	原則	特例※
中小法人（資本金1億円以下など）	年800万円以下の部分	19%	15%
	年800万円超の部分	23.2%	23.2%
中小法人以外の普通法人		23.2%	―

9-3 法人税の申告納付

法人税は,「申告納税方式」の税金といわれ,会社自身が所得金額,税金額を計算し,申告・納税することとなっています。この申告も,税理士に依頼するのが一般的ですが,流れを理解しておきましょう。

法人税の確定申告は次のような流れです。会社は,各事業年度終了の日の翌日から2か月以内に,所轄の税務署長などに対し,確定した決算に基づき,その事業年度の所得金額や法人税額を記載した申告書を提出しなければなりません。2か月以内に決算が確定しない場合は,1か月間の申告期限の延長を届け出ます。この際,2か月目以降納付日までは納付税額に利子税がかかりますので,2か月目に見積もり金額を予定納税しておいて利子税がかからないようにすることもできます。

法人税には,中間申告もあります。事業年度が6か月を超える場合には,その事業年度開始の日以降6か月を経過した日から2か月以内に中間申告をしなければなりません。このとき,前期の法人税額の6か月換算額で予定申告する方法と,6か月間で仮決算を行って中間申告をする方法の2つから選ぶことができます。なお,設立1年目の会社の場合,中間申告は不要です。中間申告にかかる法人税額も,確定申告と同様,中間申告書の提出期限までに納付しなければなりません。

申告後,申告内容に誤りがあることに気づいた場合は,申告内容を訂正できます。税額を多く申告してしまった場合は「更正の請求」,税額を少なく申告していたときは,「修正申告」を行います。

税金の納付には,e-Taxの利用による電子納税を使うこともできます。還付金の受取には,預貯金口座への振込も利用できます。

法人税の申告納付

■法人税の申告納付方法

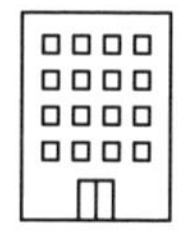

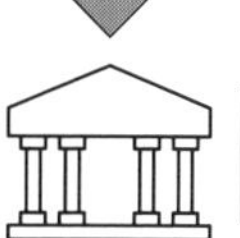

○確定申告納付

事業年度終了の日の翌日から２か月以内に申告納付
（決算が確定できない場合は１か月間延長可能）
⇒決算報告書（貸借対照表，損益計算書等）なども提出

○中間申告納付（設立１年目の会社の場合は不要）

①前年実績による予定申告	前期の法人税額の６か月換算額 （税額が10万円以下では予定申告納付は不要） ⇒時期になると，予定申告書用紙が税務署から送られてくる（e-Taxで確定申告をしていた場合には，e-Taxにメッセージが届く）。
②仮決算による中間申告	６か月間で仮決算を行って中間申告 ⇒前期は所得が多かったが，当期は所得が大幅ダウンの場合など，予定申告では負担が大きくなるときに実施すると効果的。

○修正申告納付・更正の請求

①修正申告	税額を少なく申告していた場合 ⇒延滞税が課される場合あり。
②更正の請求	税額を多く申告していた場合 ⇒還付金を受け取る。

効率化ポイント

税理士に早めに連絡し，申告に必要な資料を準備しましょう。

9-4 法人住民税と法人事業税

会社の所得にかかる税金には，法人税のほかに，法人住民税や法人事業税もあります。

個人の住民税同様，法人住民税には道府県民税と市町村民税があります。東京23区に所在する会社では区の分と合わせて法人都民税となります。これには，「均等割」と，「法人税割」の２種類があり，都道府県・市区町村に事務所や事業所があれば課税されます。事務所等がなく，寮や保養所のみの場合は，均等割のみ課税されます。均等割は，算定期間の末日における資本金等の額や，従業員数に応じて金額が決定されます。法人税割は，法人税額を基礎として課税されます。税率は，地方公共団体ごとに，「標準税率」（通常よるべき税率）と「制限税率」（最高税率）の範囲内で定められています。

法人事業税は，都道府県に事務所や事業所を有して事業を行う会社に課税されます。「所得割」のほか，資本金が１億円超の会社には「外形標準課税（付加価値割，資本割）」も課税されます。これは，事業所の床面積や，資本金の額などを基準とするものです。標準税率は資本金１億円以下の場合と資本金が１億円超の場合とで変わります。実際の税率は，各都道府県により，資本金の額や所得金額に応じて異なります。なお，国税である特別法人事業税も合わせて納付となります。

法人住民税，法人事業税ともに，法人税同様，各事業年度終了の日の翌日から２か月以内が申告納付期限です。中間申告も法人税と同様に，「仮決算」と「予定申告」の制度があります。

法人税同様，制度や税率がよく変わるため，注意しておきましょう。

法人住民税と法人事業税の算定，申告納付

■法人住民税と法人事業税の算定

○法人住民税の計算

均等割：資本金等や従業員数ごとの一定金額

法人税割：法人税額×税率

○法人事業税の計算

所得割：法人税の所得金額×税率

（資本金１億円超の会社は，所得割・資本割・付加価値割が課税）

資本割：資本金等の額×税率

付加価値割：

｛(報酬給与額＋純支払利子＋純支払賃借料) ± 単年度損益｝× 税率

■法人住民税と法人事業税の申告納付

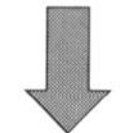

会社

地方公共団体

○確定申告納付

事業年度終了の日の翌日から２か月以内に申告納付

（決算が確定できない場合は１か月間延長可能）

○中間申告納付

①予定申告

②仮決算

法人住民税と法人事業税の具体的な税率や算定方法，納付方法は，各地方公共団体のホームページで確認しましょう。

Chapter 9

9-5 消費税の計算と申告納付

消費税は，商品の販売やサービスの提供などの取引に課される税です。消費者が負担し，負担者ではない事業者が納付する，間接税です。

消費税は，国内で事業者が事業として対価を得て行う資産の譲渡，資産の貸付け，役務の提供等に課税されます。ほとんどの取引が課税対象ですが，預貯金の利子など非課税の取引もあります。消費税の税額計算の基礎（課税標準）は，これら資産の譲渡等の対価の額です。この合計額に税率を乗じて，課税売上に係る消費税額を計算します。

消費税は，実際には消費税と地方消費税とがあり，あわせて「消費税等」と呼ばれます。両者合算での税率が10%です。酒類・外食を除く飲食料品と一部の新聞の譲渡のみには軽減税率８%が適用されます。

消費税の納付税額は，課税期間（基本は事業年度と同じ）中の課税売上に係る消費税額（売上税額）から，課税期間中の課税仕入等に係る消費税額（仕入税額）を差し引いて（これを仕入税額控除といいます）計算します。ここでの「売上」「仕入」は，資産の譲渡や営業外収益・費用も含まれる点に気をつけてください。なお，基準期間（前々事業年度をいいます）の課税売上高が5,000万円以下の会社は簡易課税制度を選択できます。

また，課税期間の基準期間における課税売上高が1,000万円以下などの要件を満たせば会社は消費税の納税が免除される免税事業者となります。設立１期目や２期目の会社も納税義務が免除されますが，事業年度開始日の資本金が1,000万円以上の場合は免除されません。

消費税の申告納付は，法人税と同じく事業年度終了の日の翌日から２か月以内となります。中間申告納付制度もあります。

消費税の算定と申告納付

■消費税の納付税額の算定

○原則課税

消費税の納付税額	＝	売上に係る消費税額	−	仕入に係る消費税額

○簡易課税制度（基準期間の課税売上高が5,000万円以下）

消費税の納付税額	＝	売上に係る消費税額	−	売上に係る消費税額×みなし仕入率（※）

※業種により40%〜90%の間で決められている

■消費税の申告納付

○確定申告納付

事業年度（課税期間）終了の日の翌日から２か月以内に申告納付
（2021年３月31日以後に終了する事業年度の属する課税期間から，法人税の期限延長をする会社は１か月間の期限延長が可能となった）

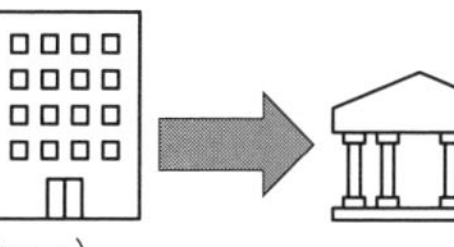

○中間申告納付

①予定申告

②仮決算（還付を受けることはできない）

前期の確定消費税額※	申告回数	納付税額
48万円以下	申告不要	−
48万円超400万円以下	年１回	直前期の確定消費税額の６/12
400万円超4,800万円以下	年３回	直前期の確定消費税額の３/12
4,800万円超	年11回	直前期の確定消費税額の１/12

※地方消費税額は含まない。

9-6 印紙税

印紙税は，契約書や領収書など，文書に課税される国税です。印紙税は金額が少額であることが多いものの，期中を通じて支払う機会があるため，経理担当者にとってはなじみ深いといえるでしょう。

印紙税法で定められた１号から20号文書に該当するなど，一定の要件を満たした文書は「課税文書」として扱われ，印紙税が課されます。

印紙税の金額は，一律に同じ金額となる「定額税率」と，文書に記載された金額によって変わる「階級定額税率」という２つの税率が採用されています。たとえば領収書は，記載金額が５万円以上の場合，最低200円で，金額が大きくなると印紙税額も高くなります。

印紙税は，原則として，課税文書に印紙税額相当の収入印紙を貼り付ける方法で納付します。このとき，印紙の再使用防止のため，印紙と課税文書にかけて「消印」をします。印紙については役所のほか，郵便局やコンビニなどで購入もできます。

そのほか特例的な方法がいくつかあります。たとえば要件を満たして税務署の承認を受け，課税文書に承認済みである旨を表示すれば，印紙を貼らず，後からまとめて金銭で納付もできます（書式表示による納付）。

印紙税を納付し忘れた場合，過怠税を合わせて印紙税額の３倍の金額を支払うこととなります。印紙を貼っていても，消印を忘れると，２倍の金額を支払うこととなります。ただし，自ら気づいて自己申告した場合は，1.1倍の金額となります。日頃から注意しておきましょう。

国税庁のホームページで，「印紙税の手引」など，印紙税の情報が公表されています。

印紙への消印，印紙税の金額

■印紙への消印

○文書と印紙の彩紋（※）にかけ印鑑や署名，ゴム印
○印鑑，署名は文書作成者，従業員などでもよい
○氏名，商号でもよいが「印」との表示は×
○消すことができるため，鉛筆で署名は×
※彩紋：幾何学的模様，波線，曲線の部分

■印紙税の金額の例

○売買取引基本契約書，業務委託契約書など（７号文書）
⇒4,000円（契約期間３か月以内かつ更新規定がないもの以外）

○領収書（17号文書）

５万円未満	非課税	３千万円超５千万円以下	１万円
５万円以上100万円以下	200円	５千万円超１億円以下	２万円
100万円超200万円以下	400円	１億円超２億円以下	４万円
200万円超300万円以下	600円	２億円超３億円以下	６万円
300万円超500万円以下	１千円	３億円超５億円以下	10万円
500万円超１千万円以下	２千円	５億円超10億円以下	15万円
１千万円超２千万円以下	４千円	10億円超	20万円
２千万円超３千万円以下	６千円	受取金額の記載のないもの	200円

効率化ポイント

領収書や契約書を電子化すると，印紙は不要となります。これらの文書のペーパーレスを推進することで印紙税の節約にもなります。取引先の協力が必要なものもありますが，チャレンジしてみましょう（**11-4**参照）。

9-7 固定資産税，償却資産税

固定資産税は，毎年１月１日時点で会社が保有する土地，家屋などの固定資産について課される地方税です。これには，償却資産税も含まれます。償却資産とは，基本的に土地および家屋以外の事業の用に供することができる資産で，その減価償却費が損金算入されるものをいいます。

土地や建物は申告がなくとも登記簿によって市町村が把握できますが，償却資産は把握できないため，所有者の申告が義務付けられています。償却資産の申告期限は毎年１月31日です。償却資産の申告先は，自治体のホームページを参考にして確認しましょう。

固定資産税の納税の際は，都市整備に充てるための財源として徴収する地方税である都市計画税も納税します。都市計画税は，土地，家屋の所有者に課されます。税額の計算は，土地は課税標準額×1.4%（都市計画税は0.3%），償却資産は課税標準額×1.4%，家屋は課税台帳に登録されている価格×1.4%（都市計画税は0.3%）で計算します。償却資産税の課税標準は償却資産の１月１日現在の評価額です（実際は計算が入りますが，帳簿価額が目安となります）。なお，固定資産（償却資産）の課税標準額が150万円未満の場合は課税されません。

固定資産税と償却資産税の納付の時期は，基本的に，４月（東京23区は６月，23区外は５月），７月（東京23区は９月），12月，翌年２月の４回となります。１年分の一括納付もできます。

スタートアップでは基本的に土地や家屋など固定資産はあまり持たず，納税が不要の場合も多いのですが，償却資産について取得している場合は申告漏れがないようにしましょう。

償却資産税の対象資産

■償却資産税の対象資産

○特に申告の対象となる資産

償却済資産
建設仮勘定，簿外資産
遊休または未稼働資産
改良費（資本的支出）
食堂や保養所など福利厚生のための資産
個別に減価償却しているもの
中小企業者等の少額資産の規程等を適用し即時償却しているもの

○申告の対象とならない資産

自動車税等の課税対象となるもの
無形固定資産（ソフトウェア，特許権等）
繰延資産（創立費，開業費，株式交付費等）
少額減価償却資産，一括償却資産
リース資産で20万円未満のもの

○少額の資産の取扱い

	取得価額 償却方法	10万円未満	10万円以上20万円未満	20万円以上30万円未満	30万円以上
①	少額で全額経費	対象外			
②	3年一括償却資産	対象外	対象外		
③	リース資産	対象外	対象外	申告対象	申告対象
④	中小企業特例で全額経費	申告対象	申告対象	申告対象	
⑤	固定資産計上し，個別で減価償却	申告対象	申告対象	申告対象	申告対象

参考：東京都ホームページ「令和３年度固定資産税（償却資産）申告の手引き」
https://www.tax.metro.tokyo.lg.jp/shisan/info/R２_shinkokutebiki.pdf

9-8 税金の申告・納付の仕訳

ここまで会社に関わる税金を見てきましたが，それぞれの申告や，納付時の仕訳を確認しておきましょう。

法人税，住民税及び事業税については，中間納付時に借方に「仮払法人税等」を計上します。決算では，1年分の法人税等の金額を合計して計算し，その金額を費用として借方に「法人税，住民税及び事業税」（事業税は所得割のみ）を，貸方に「未払法人税等」と，すでに中間納付した「仮払法人税等」を計上します（中間納付分は消えて，未払の税金額だけが残ります）。なお，法人事業税の資本割と付加価値割が課税される場合は，借方に販売費及び一般管理費の「租税公課」（合理的な基準に基づけば「売上原価」への配分もできる）などの勘定科目で計上します。還付の場合は，借方に「未収還付法人税等」などの勘定科目で計上します。

消費税は税込経理方式と税抜経理方式（コラム「税込か，税抜か」p.132参照）とで仕訳が異なります。税込経理方式では中間納付時も年度末納付時も納付額を「租税公課」（還付額は「雑収入」など）として計上します。税抜経理方式では中間納付時には「仮払消費税等」などの科目で計上し，年度末納付時には1年間の「仮払消費税」と「仮受消費税」を相殺し，その差額を「未払消費税」または「未収消費税」として計上します。

給与などから徴収した所得税，住民税は，貸方に「預り金」などの勘定科目で計上します（**6-6**参照）。

その他の税金については，課税された金額につき，借方に「租税公課」などの勘定科目で計上することとなります。ただし，新株発行の際の登録免許税のように，繰延資産として計上する場合もあります。

法人税と消費税の仕訳

■法人税の仕訳の例

①法人税の中間納付時の仕訳

借方		貸方	
仮払法人税等	100	普通預金	100

②年度末の法人税の仕訳

借方		貸方	
法人税，住民税及び事業税	240	未払法人税等	150
租税公課	10	仮払法人税等	100

または

②'法人税の還付の場合の仕訳

借方		貸方	
法人税，住民税及び事業税	40	仮払法人税等	100
租税公課	10		
未収還付法人税等	50		

■消費税の仕訳の例

①税込経理方式　年度末の消費税の仕訳

借方		貸方	
租税公課	100	未払消費税等	100

または

①'税抜経理方式　年度末の消費税の仕訳

借方		貸方	
仮受消費税等	300	仮払消費税等	200
		未払消費税等	100

Chapter 9

9-9 税務調査

税務調査とは，会社が適正に納税しているか，国税庁，国税局や税務署の職員が調査するというものです。確定申告にミスがないか，税金逃れのための意図的な操作がないかなどがチェックされます。

調査には任意調査と，悪質なケースに対する強制調査とがありますが，通常の会社が受けるものは任意調査となります。任意調査といっても，調査をする職員には質問検査権があり，こちらが職員の質問に答えない，嘘をつくなどの対応をする場合は罰則がありますので，実際は拒否できないと考えてよいでしょう。

調査の対象となった場合，まずは税務署から会社または顧問税理士に事前連絡が入ることが通常です。そのうえで，調査日の日程調整を行います。日程が決まったら，税理士と相談のうえ，領収書など証拠資料，説明資料をしっかり準備しておきます。証拠資料のない取引については特に注意しましょう。一度の税務調査では最低3年分の調査を行うことが一般的です。実際の税務調査は1～2日程度かかります。当日は，資料の追加請求や，質問には丁寧に対応しましょう。調査が終わり，何もなければ終了です。指摘がある場合は，顧問税理士に連絡が入り，必要に応じて修正申告などを行います。

税務調査では，主に所得が実際より過小でないか（つまり支払った税金が少なくないか）の観点が特に注目されます。意図的であるにせよないにせよ，売上隠し，経費の水増しなどがポイントとなります。また法人税だけでなく，印紙のミスや給与・報酬の源泉徴収のミスもよくありますので，日頃から気をつけるようにしておきましょう。

税務調査の流れ

■税務調査の流れ

調査頻度は決まっていないが数年に一度のペースが多い。

事前の連絡

会社または税理士に連絡が入る

日程調整

繁忙期は避けてもらうなど調整する

事前準備

税理士と協力し資料の準備

税務調査当日

書類の要求や質問対応

調査終了

指摘がなければそこで終了
必要に応じて修正申告を行う

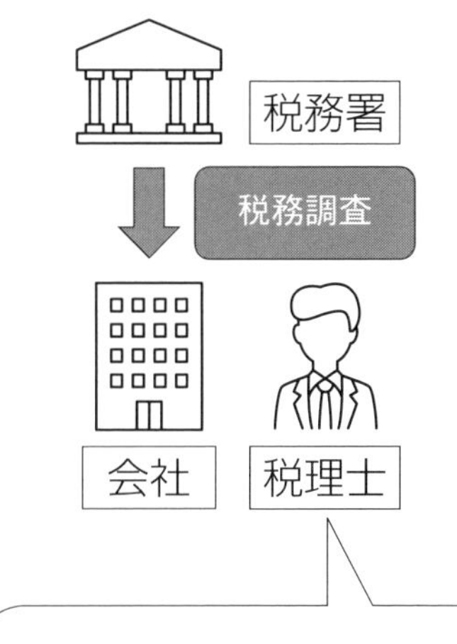

税理士に協力してもらい慌てずしっかり準備しよう。

効率化ポイント

「書面添付制度」を活用しましょう。申告書に顧問税理士が書面を添付しておくことで，税務調査前に顧問税理士に連絡が入り，税務署への意見陳述の機会を与えられます。ここで調査の必要性がないと認められれば，調査が省略されることもあります。実際に調査が入る場合でも，慣れた顧問税理士に相談しながら準備することでうまく対応することができるでしょう。

コラム 税込か，税抜か

商品の購入やサービスの提供を受けるときや，売上を計上するときの消費税等の仕訳の方法には，①税抜経理方式（消費税等の額を含めずに別に処理する方式），②税込経理方式（消費税等の額を商品の購入代金等の中に含める）の2つがあります。

税抜経理方式では，受け取った消費税等は「仮受消費税等」とし，支払った消費税等は「仮払消費税等」に分けて表示します。

税込経理方式では，受け取った消費税等と，支払った消費税等をそれぞれ売上金額や仕入金額に含めて計上し，消費税の納付税額は「租税公課」とします。免税事業者の場合は，税込経理方式を使います。

税抜経理方式は，消費税等を分ける必要がありますが，会計ソフトを使えば自動で処理されます。なお，上場企業に新しく適用される収益に関する会計のルール（収益認識会計基準）では，税抜経理方式のみが認められています。株式上場を目指す会社は，税抜経理方式を採用しておくとスムーズです。

（例）商品1万円を販売したときの仕訳

税込経理方式

借方	貸方
売掛金　11,000	売上　11,000

税抜経理方式

借方	貸方
売掛金　11,000	売上　10,000 仮受消費税　1,000

（例）商品1万円を仕入れたときの仕訳

税込経理方式

借方	貸方
仕入　11,000	買掛金　11,000

税抜経理方式

借方	貸方
仕入　10,000 仮払消費税　1,000	買掛金　11,000

Chapter 10

予算管理

スタートアップでは経理が予算管理を担当することもあります。予算管理の基本のしくみを押さえておきましょう。

Chapter 10

10-1 予算作成

上場企業ではほぼ必ず作成しているといってもいい予算ですが，中小企業では，作成していない会社も多いと思います。しかし予算を作成し，予実管理をすることは，しっかりと利益を稼ぐ会社への近道でもあります。予算作成の流れを見ていきましょう。

予算作成は決算月の3か月前頃から準備をはじめ，決算月までには年間予算を確定します。中期経営計画を策定している会社では，中期経営計画のうちの1年分の計画のイメージとなります（**12-1**参照）。

初めに，予算担当者は予算編成方針を立案します。これは経営層から確認，承認を得ます。その後，各部門に部門別予算の作成を依頼します（編成方針について説明会を開くことも有用です）。各部門では，部門責任者の指示のもと，担当者が個人予算を作成します。これには自身の新年度での売上，売上原価や経費，営業外損益の見込みについて漏れなく記載します。部門責任者は，各部門担当者の個人予算を集計し，実現可能性などを考えて調整し，部門としての投資予算も加えて部門別予算案（損益予算，投資予算）を作成します。予算担当者は部門別予算（損益予算，投資予算）に，資金予算もまとめたうえで，過去実績との比較や再計算などにより適切性・実現可能性を確認します。そして，全体としての総合予算案（予算貸借対照表，予算損益計算書，予算資金繰り表）を編成します。この予算について，経営会議や予算会議，取締役会などにて各部門責任者，役員により審議され，承認を得て確定します。

予算はできるだけ月次レベルで作成するようにしましょう。月次レベルで予算と実績を管理することでより緻密な管理が可能となります。

予算作成の流れ

■予算作成の流れの例

事前準備・予算編成方針決定，承認

役員の要望・目標も事前に確認しておこう。

予算編成方針を立案，社長承認

予算説明，方針通知

予算担当者から，注意点，スケジュールを説明

個人予算作成

各部門担当者は個人予算作成

各項目についてしっかりと説明を記載しておこう。

部門別予算作成

各部門責任者は個人予算を確認の上，部門予算作成

部門別予算チェック

予算担当者は部門別予算を調整，確認

総合予算ドラフト作成

予算担当者は，各部門別予算（損益予算，設備予算）を取りまとめ，資金予算もまとめて総合予算案を作成

予算会議

役員を中心に，総合予算案について協議し，適宜修正

総合予算確定

総合予算について承認され，確定
新年度より，新予算にて予実管理スタート！

10-2 予実管理

予算は作成しただけで終わりではなく，必ず予実管理が必要です。予実管理を行うタイミングは会社や部門，担当者により異なります。担当者レベルでは日々や週次でも予算と実績を比較する人もいるでしょう。予算担当者としては少なくとも月次レベルでの分析はしておきましょう。

予実管理をするうえで重要なことは，会計ソフトで予算における項目ごとの実績をすぐに集計できるようにしておくことです。予算における項目と整合するように，会計ソフト上で補助科目や，タグ，プロジェクトなど，分類のための登録を事前にしておきます。そして，日々の仕訳では，これらの紐づけをしておきます。これにより，日常的に会計ソフト内で項目ごとの実績の集計ができるようになります。

予実管理については予算担当者１人ではなく，部門責任者，担当者も巻き込む形となります。経営会議の日など，毎月のゴールとなる期限を決めて，毎月同じタイミングで作業依頼をするようにしましょう。

予算と実績を比較した際には，その差異（予実差異）に注目します。特に，利益を少なくするような不利な差異には気をつけます。予算担当者と，各部門とで情報共有し，差異の存在を突き止めたうえで，その要因を分析します。この際，できるだけ深く検討するようにしましょう。要因については，日常の情報共有で認識できるものもあるため，気づいた点は日頃からメモにまとめておくようにしましょう。要因を整理したら，それに対する改善案を検討します。状況次第で，予算自体の変更をする場合もあります。経営会議などでは，差異とその要因，改善案を報告し，役員とも認識を共有するようにしましょう。

PDCAサイクルと予実差異の要因

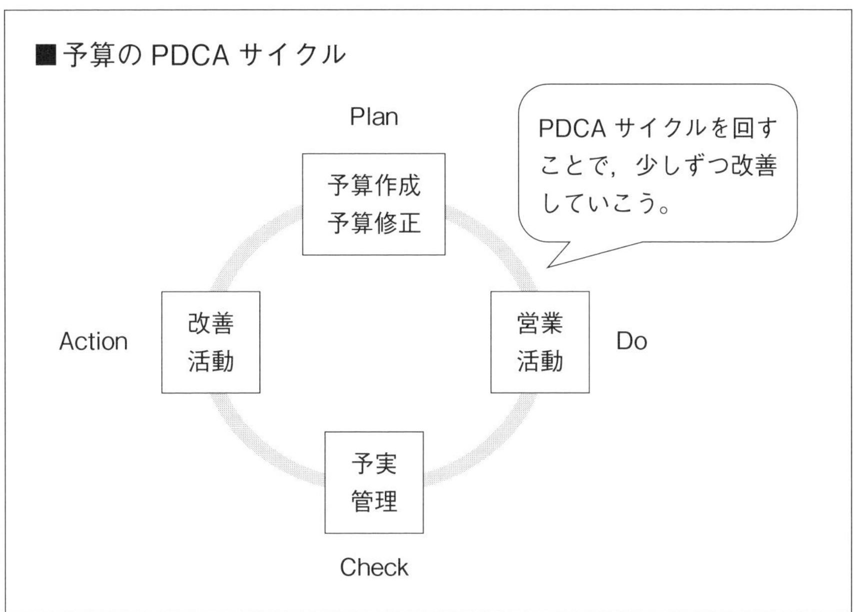

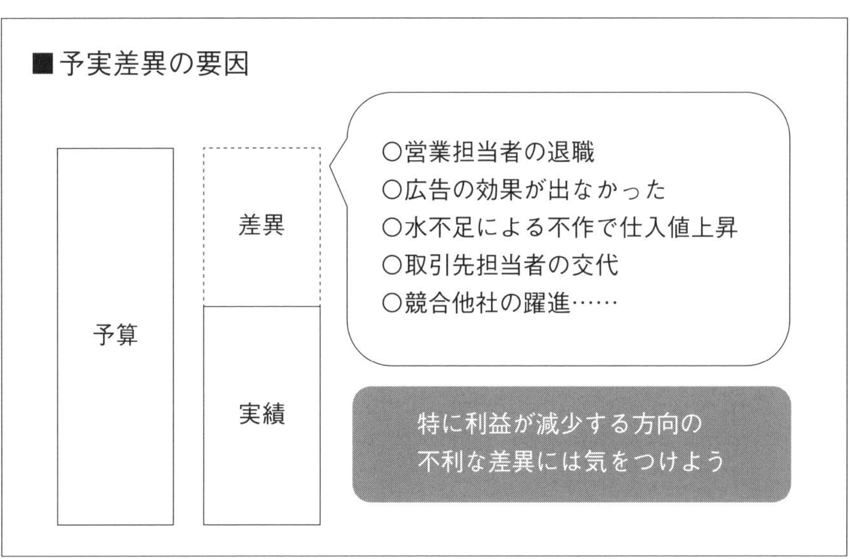

総合予算の例

■月次の総合予算の例

予算貸借対照表

	4月
現金預金	×××
売掛金	×××
棚卸資産	×××
固定資産	×××
その他	×××
資産合計	×××
買掛金	×××
短期借入金	×××
長期借入金	×××
負債合計	×××
資本金	×××
資本剰余金	×××
利益剰余金	×××
純資産合計	×××
負債・純資産合計	×××

予算損益計算書

	4月
売上高	×××
売上原価	×××
売上総利益	×××
販売費及び一般管理費	×××
営業利益	×××
営業外収益	×××
営業外費用	×××
経常利益	×××
特別利益	×××
特別損失	×××
税引前当期純利益	×××
法人税等	×××
当期純利益	×××

予算資金繰り表

	4月
前月繰越	×××
営業収支	
収入	
売掛金回収	×××
支出	
買掛金支払	×××
：	
営業収支計	×××
投資収支	
収入	
配当金受取	×××
支出	
備品購入	×××
投資収支計	×××
財務収支	
収入	
新規借入	×××
支出	
支払利息	×××
財務収支計	×××
収入合計	×××
支出合計	×××
収支合計	×××
当月末残高	×××

確定後
予実差異
分析実施

部門により作成された部門別予算（損益予算，投資予算）と資金予算から，予算貸借対照表，予算損益計算書，予算資金繰り表を作成する。

予実差異分析

■予実差異分析の例

予実差異分析

202X 年 4 月

	予算	実績	予実差異額	予実差異率	差異要因
売上高	×××	×××	×××	○○%	
売上原価	×××	×××	×××	○○%	
売上総利益	×××	×××	×××	○○%	
販売費及び一般管理費	×××	×××	×××	○○%	
営業利益	×××	×××	×××	○○%	
営業外収益	×××	×××	×××	○○%	
営業外費用	×××	×××	×××	○○%	
経常利益	×××	×××	×××	○○%	
特別利益	×××	×××	×××	○○%	
特別損失	×××	×××	×××	○○%	
税引前当期純利益	×××	×××	×××	○○%	
法人税等	×××	×××	×××	○○%	
当期純利益	×××	×××	×××	○○%	

部門別予実差異分析

部門別予実差異分析

部門責任者，部門担当者により部門別予実差異分析を行い，その結果を踏まえて全体としての予実差異分析を実施する。

10-3 業績見込の作成

予算管理で，重要なものが業績見込の作成です。予算を作っていても業績見込は作成しない，という会社も多いですが，年度末における自社の業績見込と，目標とする予算との差異を把握することで，予算達成のための対策も立てやすくなります。また，スタートアップの資金調達の際などに，見込資料として示すこともできます。

年度の業績見込の作成は，月次の予実管理とともに毎月実施できることが理想です。スタートアップの場合は，特に経営環境の変化が激しい一方で体力に乏しいため，よくあるような四半期ごと半期ごとの作成では間に合わないこともあります。予実管理においての管理資料と連動できるような形で，それほど手間をかけずに作成できるとよいでしょう。

業績見込を作成するにあたっては，各部門責任者，担当者に部門ごと，担当者ごとの業績見込を作成してもらう必要があります。このとき，予実差異の分析で把握した差異要因をよく確認のうえ，反映させるようにします。また，直近の情報の反映も不可欠です。取引先と接する部門担当者が一番情報を持っていることも多いので，その情報は出してもらいましょう。予算作成の時と同様，各部門責任者は担当者が作成した業績見込を確認し，整合を取るようにします。

また，情報として，予算と業績見込との差異の要因，直前の業績見込との差異の要因の説明も記載してもらいましょう。

経理・財務も含めた各部門の業績見込が出そろったらそれを集計します。差異の要因の説明も確認し，明らかな計算ミスがないか，要因に不自然なものがないか等を確認し，役員に提出します。

業績見込の作成と説明すべき差異

■業績見込の作成のための留意点

短い周期で作成	できるだけ月次で作成できると，予算達成のための対策が立てやすくなる。
最新の情報の反映	会社を取り巻く環境について情報を収集する。収集漏れがないように。
予実差異分析結果の反映	予実差異分析の結果，差異要因が年度の実績見込にも影響する場合は，適切に反映する。

■業績見込において説明すべき差異

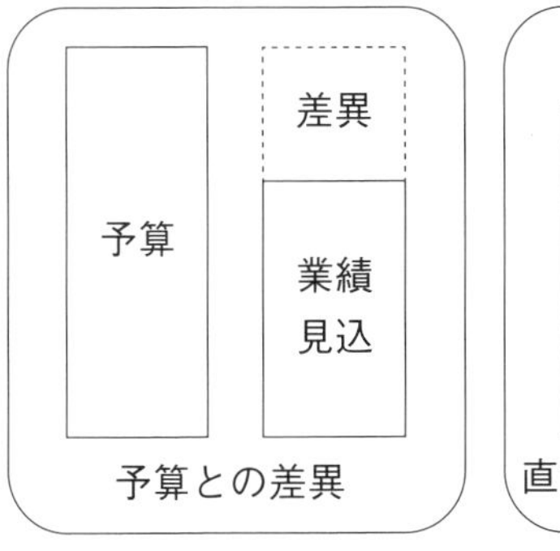

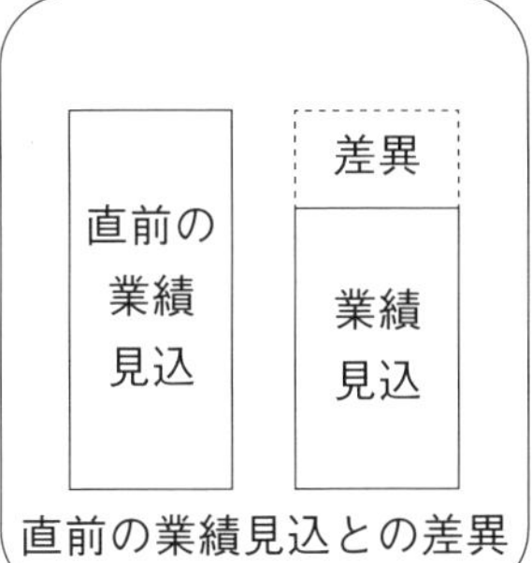

効率化ポイント

予算管理はExcelで実施する会社が多いのですが，会計ソフトの中に簡易的な機能がついている場合もあります。予算管理や業績見込の作成ができるクラウドサービスも出てきていますので検討してみてください。

コラム 知っておきたい救済制度

新型コロナ禍においては，多くの企業が苦境に追い込まれました。そうでなくとも，売掛金の回収ができなくなる取引先の倒産には気をつける必要があります。このような時に備えて，経営セーフティ共済という制度があります。

経営セーフティ共済（中小企業倒産防止共済制度）は，取引先が倒産した際に，中小企業が連鎖倒産や経営難に陥ることを防ぐための制度です。中小企業や起業家を支援する中小機構（正式には独立行政法人中小企業基盤整備機構）が運営しています。

この制度では，取引先が倒産した場合に，無担保・無保証人で，「回収困難となった売掛金債権等の額」か「納付された掛金総額の10倍（上限8,000万円）」のどちらか少ない額まで借入れを受けられます。この借入れは，取引先が倒産後，事業者との取引の確認が済み次第，すぐに受けることができます。

掛金月額は5,000円～20万円まで自由に選べます。この掛金は確定申告の際，損金に算入できる税制優遇が受けられます。このため，スタートアップでの節税策としては有効です。

会社の資金繰りが不安なときは，解約したとしても解約手当金を受け取ることができます。12か月以上納めていれば掛金総額の８割以上が，40か月以上納めていれば掛金全額が戻ります。

加入できる会社は継続して１年以上事業を行っている中小規模の企業のみで，その要件は業種ごとに，「資本金等の額」か，「常時使用する従業員数」かで決まります。たとえばサービス業であれば，資本金額が5,000万円以下か，常時使用する従業員数が100人以下であれば加入できます。

なお，上記のほか中小企業向けには，セーフティネット保証制度という制度もあります。新型コロナ禍も含め，取引先の倒産や災害などの理由で経営が不安定になった中小企業を支援する制度で，認定を受けることで，信用保証協会から通常とは別枠で融資への保証を受けられます。

また，中小機構の共済には，小規模企業共済という，小規模企業の経営者や役員向けの退職金制度もあります。会社として加入するものではありませんが，小規模企業の場合は役員に紹介することもよいでしょう。

Chapter 11

テレワークの実現

世界中でテレワークが注目を集める時代となりました。テレワークは単にどこでも仕事ができるだけでなく，効率化につながることも。この機会にテレワークにも取り組んでみましょう。

Chapter 11

11-1 経理業務のテレワーク

新型コロナウイルスの蔓延により，急激にテレワークが広まることとなりました。これをきっかけに，テレワークを導入したという会社も少なくありません。しかし「経理業務は，紙の資料が多く，現金や印紙など現物もあり，押印も必要。会社でなければ仕事はできない」という声もよく聞かれました。

しかし，テレワークにはメリットも多くあります。①生産性の向上（通勤時間の削減や，他の従業員による仕事中断がなくなることでの効率化）はよく言われます。また，②人材確保，離職防止の面では働き方が柔軟になり会社の魅力も高まりますし，③コスト削減（通勤費や紙資料の処理コスト，オフィス費用の削減）効果もあります。④事業継続性の確保の意味では，コロナ禍のような異常事態でも従業員が自宅で安全に仕事を継続できる点も強みです。

では，経理テレワーク実現のためには何が必要でしょうか。まずは①クラウド型会計ソフトの導入です。紙の帳簿やインストール型会計ソフトと異なり，場所を問わず業務ができるのがポイントです。会計ソフトはもちろん経費精算や給与計算などもクラウドにするとより一層効果的です。そして，②ペーパーレスの推進も重要です。クラウド型ソフトの導入とも重なりますが，経費精算，請求書や領収書，契約書なども電子化を進めることで，紙も押印も減ります。③インターネットバンキングの活用や，④小口現金の廃止も，会社に行かざるを得ない理由をなくすことにつながります。こうした取り組みは，単にテレワークのためだけでなく，業務効率化にもつながります。ぜひ検討してみてください。

テレワークのメリット，ポイント

■テレワークによるメリット

①生産性の向上	通勤時間削減。他の従業員がいない環境下の業務で集中力向上，ペーパーレス化で情報の整理，やり取りが簡単かつスピードアップ。
②人材確保，離職防止	育児や介護，治療との両立などさまざまな理由で，リモート環境でなければ働けない，リモート環境でなら働きたいという人材を採用できる。会社の魅力向上により今の従業員の離職率を下げる。
③コスト削減	通勤費の削減，ペーパーレス化による印刷コスト，書類の保管コスト・発送コスト等削減。 広いオフィスが不要になることによるコスト削減。
④事業継続性の確保	自然災害や事故，停電による交通機関麻痺などが生じたときや，新型コロナウイルスのようなパンデミックの発生時にも在宅勤務で事業継続できる。

■経理のテレワークの実現のための主なポイント

①クラウド型会計ソフトの導入	基本となる経理業務を自宅でも作業可能にする。経費精算や給与計算などもクラウド型にすることで，さまざまな業務を会社にいなくても実現可能に。
②ペーパーレスの推進	紙の請求書・領収書・契約書の削減，押印の削減などで，会社にいなければならない時間を減らす。
③インターネットバンキング	通帳・キャッシュカード・銀行印を会社に取りに行く必要がなくなる。銀行に行くこと自体も不要に。
④小口現金の廃止	振込や法人クレジットカード，従業員による経費立替の活用により，小口現金を廃止する。

11-2 クラウド型会計ソフト

テレワークの実現の要となるのがクラウド型会計ソフトです。クラウド型会計ソフトで有名なものは，freee，Money Forward，弥生会計などです。会計ソフトについては**1-8**でも説明しましたが，特にクラウド型ソフトについて詳しく見てみましょう。

クラウド型会計ソフトは，データをクラウドサーバー上に保管しています。パソコンや，スマホ，タブレットなどのさまざまなデバイスで，会社だけではなく家や外出先などどこからでもアクセスできるため，テレワークに適します。そのほか，サーバー上にデータが保管されているため，パソコンが壊れてもデータが消える心配がありません（通常，バックアップも自動でなされています）。アクセス権の設定次第で，複数人での作業もできますし，役員や上司が経理の状況を確認するのも簡単です。アップデートもサーバー上で常に行われている状態です。

また，効率化のうえでは，銀行口座やクレジットカードとの自動連携に強い点も有用です。取引明細データを自動で取り込み，勘定科目まで自動で仕訳してくれます。さらに，一般的に他のソフトとの連携機能も優れているのも特長です。請求書作成，経費精算ソフトなどと連携させれば経理業務の多くの作業の効率化につながります。人手不足になりがちなスタートアップの経理において，業務の大幅な時間短縮の実現も可能です。

なお，クラウド型会計ソフトは，各社，強固なセキュリティをうたっています。しかし自分自身でもセキュリティには注意を払いましょう。アカウントへのログインパスワードは複雑なものとし，パソコン等のウイルス対策をするなど，できることはしておきましょう。

クラウド型会計ソフトの特長

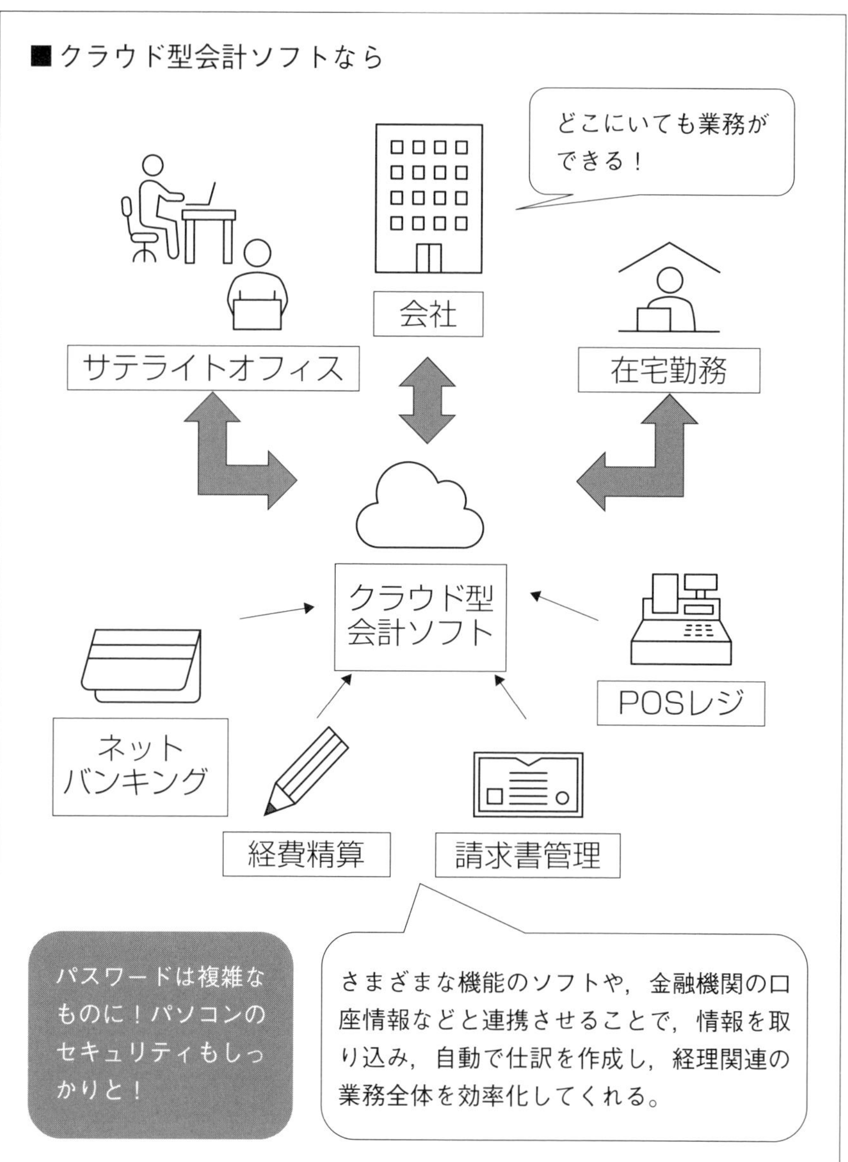

11-3 ペーパーレスの推進

テレワークを実現するためには，ペーパーレスの推進もまた不可欠です。伝統的な経理業務はすべて紙で行われていましたが，工夫次第ではほとんどの紙をなくすことができます。

経理業務に関連してペーパーレス化できるものとしては，①会計帳簿，②請求書，③領収書，④契約書，⑤通帳，⑥経費精算，⑦給与明細，⑧社会保険・雇用保険の申請，⑨年末調整，⑩納税，⑪謄本取得，⑫経理関連稟議，⑬各種会議などが挙げられます。法的に紙での保存が義務付けられる場合もありますが，普段の手続ではデータで作業を行い，必要な時や保存時に出力することが効率的です。

ペーパーレスのメリットはいくつかあります。①オフィスにいる必要がなくなる（テレワークの実現），②生産性向上（情報のやり取りのタイムロスが少なくなる，情報の転記も手入力に比べ効率化しミスも少なくなる，押印手続が効率化する），③データであるため整理・管理がしやすい，④コスト削減（紙の印刷費用，郵送代，書類の保管コスト，領収書や契約書を電子化すれば印紙代も節約。紙の節約で環境にも優しい），⑤セキュリティ強化のしやすさ（コピー機置忘れや紛失による情報漏洩，火災などでの情報消滅などの回避）です。

一方，デメリットもあります。①システムやネットワーク障害の際に業務に支障，②紙に比べると情報把握が難しく感じられる，③導入時コスト（システムの導入費用，パソコン等の機器準備費用），④データならではのセキュリティ問題（ウイルス対策の必要，大規模なデータ流出）などです。導入の際は，デメリットへの注意も払いましょう。

ペーパーレスにできるもの

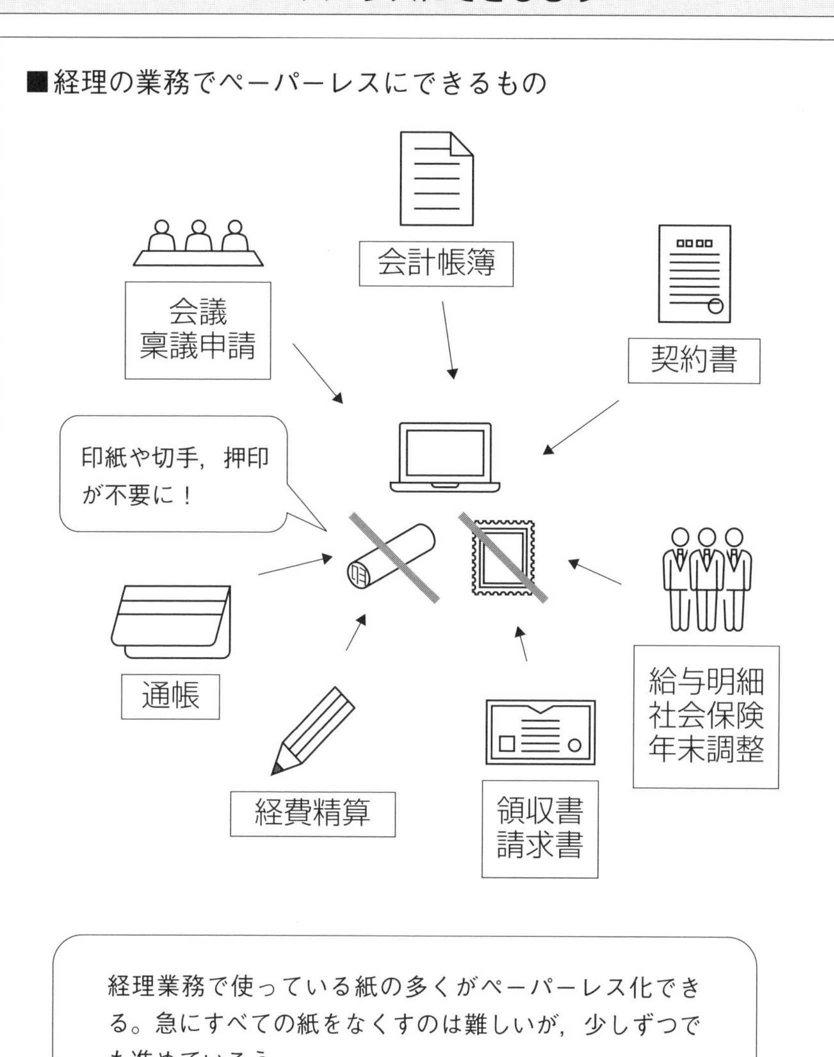

経理業務で使っている紙の多くがペーパーレス化できる。急にすべての紙をなくすのは難しいが，少しずつでも進めていこう。

11-4 ペーパーレスの手法

ペーパーレスの具体的な方法についても見てみましょう。

経理にとって効果が大きいペーパーレスは，まずは会計ソフトの導入による会計帳簿のペーパーレス化ですが，次に大きいのが経費精算です。クラウド型経費精算ソフトを活用すれば，これらにも対応できます。経費精算ソフトによっては，従業員がレシートや領収書の写真をスマホで撮影して，それをもとに経費申請を行うことができます。紙は，後からまとめて提出すればよいということにすれば，素早く申請ができます。会計ソフトと連携できるソフトを選ぶのがよいでしょう。なお，領収書自体は提出された紙を保存するようにしましょう。

領収書や請求書のペーパーレス化も，経理にとっては効果が大きいものです。売上も現金取引ですと領収書が必要になりますが，振込などを活用すれば領収書は不要になります。「振込の場合，領収書は発行しない」と事前に決めておくことがよいでしょう。5万円以上の領収書の場合は，印紙代も節約できます。また，領収書も請求書も，取引先に承諾を得て，PDF で送ってしまうと楽です。ほかには，クラウド型領収書・請求書管理ソフトを使うことでも可能です。なお最近では，電子契約も進んできましたので，契約書の電子化も検討の余地はあるでしょう。

給与明細や社会保険等の申請，年末調整なども，電子化によるペーパーレスが可能です。給与明細もクラウド型給与計算ソフトを使うことで，各従業員でインターネット上での表示が可能となります。ソフトによっては，社会保険等の電子申請の必要書類の出力も可能です。年末調整も，クラウド型ソフトを使うことがお勧めです。

ペーパーレスの手法

■経理のテレワーク実現のうえでのペーパーレスの具体的な手法

①会計帳簿	クラウド型会計ソフトを導入。
②経費精算	経費精算ソフトを導入。会計ソフトと連携できる（またはセットになっている）クラウド型のものがよい。
③領収書	現金取引ではなく，振込などの決済方法にする。 PDFで送る。クラウド型領収書管理ソフトを使う。
④請求書	PDFで送る。クラウド型請求書管理ソフトを使う。
⑤契約書	クラウド型電子契約サービスを使う。
⑥給与明細 社会保険申請 年末調整等	クラウド型給与計算，労務管理ソフト等を使う。外部の社会保険労務士等に業務委託し，Webでの手続にしてもらう。電子申請やe-Taxを使う。
⑦通帳	法人向けインターネットバンキングを利用。
⑧会議	ビデオ会議システムを利用。
⑨稟議	クラウド型ワークフローシステムの利用。会計ソフトに機能が組み込まれている場合もある。

効率化ポイント

税務申告の資料となる領収書等については，電子帳簿保存法という法律のもとで電子保存も可能とされてきましたが，これまでは要件も厳しく，実施している企業は限られていました。しかしコロナ禍を受けての2021年度税制改正では大幅に要件が緩和され，改正された電子帳簿保存法は2022年１月から施行予定となっています。施行してすぐに実施は難しいかもしれませんが，様子を見て検討することも一案です。コラム「電子帳簿保存法」（p.158）を参照ください。

11-5 インターネットバンキング

個人の銀行口座でも利用が増えてきていますが，経理においてもインターネットバンキングの利用は有用です。銀行預金の通帳と銀行届出印を持って銀行窓口に出向き，待ち時間もかかるなか書類を提出して手続をしてもらう。こうした従来の作業が不要になることで，テレワークの実現だけでなく，効率化にも役立ちます。

法人向けインターネットバンキングの一般的なメリットは，①生産性の向上（銀行に行く必要がなくなる，振込先登録が楽，納税もできる），②場所を選ばない，③利用時間が広がる（土日や深夜帯の利用も可能。銀行や契約によっては24時間利用可能なことも），④コストダウンにつながる（月額利用料がかかることがあるものの，振込手数料が安いため），⑤通帳や銀行印の紛失リスクが減る，といったところです。

加えて経理にとって効果が大きいのは，会計ソフトとの連携でしょう。インターネットバンキングと会計ソフトを自動連携させるか，取引明細を出力して会計ソフトに取り込むことで，預金にかかわる取引を自動的に登録させることができ，大幅な時間短縮につながります。

インターネットバンキングを提供している銀行には，メガバンクやゆうちょ銀行，地方銀行，インターネット専業銀行などがあります。インターネット専業銀行は一般的に利用手数料がかからず，振込手数料も安く，24時間利用可能なことも多いので便利です。ただし，メガバンクと比べると知名度が低いことがある，融資などその他の法人向けサービスが受けにくい，公的支払など一部手続ができないことがある，などがデメリットです。

インターネットバンキング

■インターネットバンキングの利用

○従来の銀行の手続

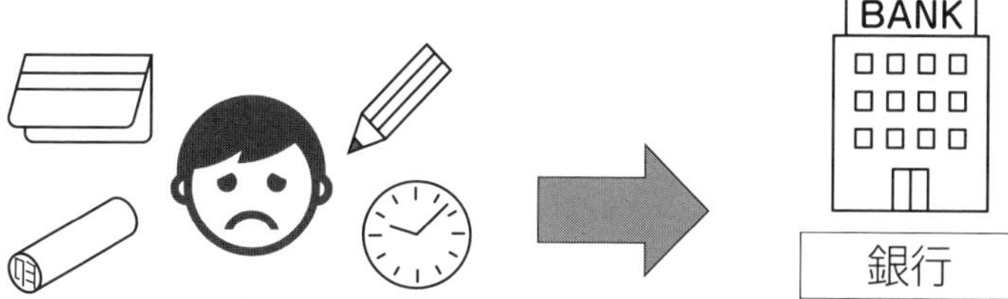

上司に承認をもらって会社の金庫から通帳と銀行印を持ち出して，なくさないように注意しながら9時から15時の営業時間中に銀行に持っていき，書類に記入して窓口に出して，手続の間は銀行で待たないといけない……

○インターネットバンキングを利用する場合

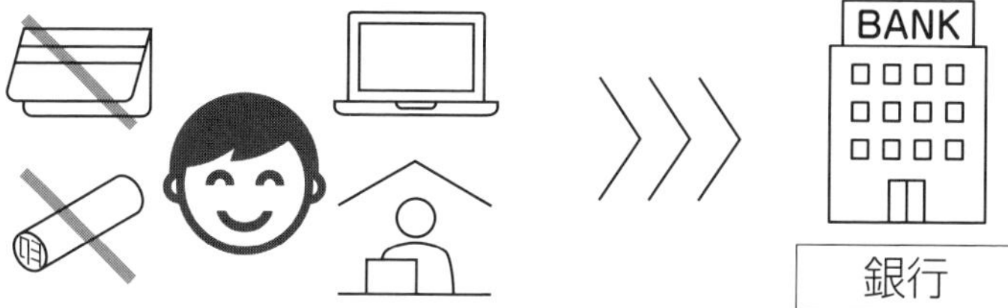

家にいながらでも，通帳も銀行印もいらずに，夕方でも銀行取引ができる！　会計ソフトにも情報を簡単に取り込める！

11-6 小口現金の廃止

テレワークのためには，小口現金の廃止も必要です。小口現金に加えて，現金取引，手形や小切手を用いた取引も実施している場合は，それらも本当に必要か，検討してみましょう。

経費精算に小口現金を使っている会社もありますが，まずは立替精算を基本としたうえで，従業員の口座への振込にしましょう。多額な負担が発生する場合の仮払金も，振込にしましょう。また，法人クレジットカードを活用してもらえば，従業員個人の負担が重くなる点も解決できます。宅配便の着払いもできれば法人契約で一括精算にしましょう。

取引先との間での現金での取引も廃止し，銀行振込での支払をお願いしましょう。クレジットカード等での支払もよいでしょう。

手形や小切手も，以前よりも使われなくなってきています。これらは振込でよい場合も多いでしょう。手形に代わる電子決済手段である電子記録債権というものもあります。取引先に協力を頼み，別の手段を検討するのがよいでしょう。

現金の廃止のメリットは，テレワークの実現というだけでなく，ほかにもあります。まず，現金紛失のリスクがなくなります。また，現金の残高を数えて確認して紛失しないように注意する，といった管理の手間も省くことができます。法人クレジットカードを活用すると，経費精算ソフトによっては，利用明細を取り込んで経費精算処理を楽にする機能もありますので，その点も有効です。これらは，経理担当者だけでなく，従業員にとっても利便性が高いといえるでしょう。社内全体で協力して，検討してみることをお勧めします。

現金の廃止

■現金の廃止

○現金を廃止しないと…

○現金を廃止した場合

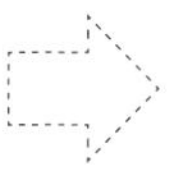

11-7 専門家などの活用

これまで見てきたテレワークの実現のための工夫とは少し毛色が異なりますが，専門家など，外部への業務委託の活用などで，業務自体を外部に移してしまうことも有効です。

スタートアップにおいては，さまざまな専門家と付き合うことが有効です。税務申告や年末調整，日々の税務相談ができる税理士や，人事労務関係を任せる社会保険労務士が身近ですが，登記では司法書士，契約書作成や法律相談では弁護士，決算書の作成では税理士のほかにも公認会計士，会計監査人の監査を受けている会社では監査法人（公認会計士）など，多くの専門家と接する機会があります。

もちろん，専門家の活用には費用も相応にかかります。しかし，経理担当者の業務は，間違いが許されず専門的な知識を要するものが多いものです。無理に社内で解決しようとせず，専門家に頼んでしまう方がかえって費用対効果としては良い場合もあります。

また，専門家でなくても，日常の仕訳業務や経理業務などは，個人の経理経験者や専門業者などで業務委託を受けているところもあります。専門家よりも単価が安い場合もありますので，検討の余地はあります。

専門家や外部委託を活用する場合でも，経理担当者自身は必ずその成果物をチェックするようにしましょう。自分の専門知識に不安があるとしても，単純なミスであれば発見できることもあります。また，会社内部の事情に詳しい経理担当者の目からチェックすることはとても重要です。丸投げにするのではなく，外部委託であっても自分の責任でしっかりと最後まで見届けるという意識が重要です。

専門家の活用

■スタートアップを取り巻く専門家

専門家	依頼できる主な業務
①税理士	帳簿作成，税務申告や決算書作成，年末調整，日々の税務相談など。
②社会保険労務士	人事労務全般（労働社会保険の諸手続，労務管理の相談，就業規則や36協定，給与計算）など。
③司法書士	商業登記や不動産登記，重要議事録等の作成など。
④弁護士	契約書作成や確認，各種法律相談，訴訟対応など。
⑤公認会計士（監査法人）	会社の会計監査人である場合は会計監査をする立場。会計監査人ではなくアドバイザリーの立場では，帳簿作成，会計処理の相談，決算書作成など。
⑥弁理士	知的財産権に関する業務全般，相談など。

コラム　電子帳簿保存法

電子帳簿保存法とは，国税関係の帳簿や書類（会計帳簿や領収書などの証憑）について一定の要件を満たしたうえで電子データによる保存を可能とすることと，電子取引での取引情報の保存義務を定めた法律です。帳簿書類は，原則的には紙での保存義務がありますが，この法律の要件を満たせば電子データでの保存が可能となります。

この法律では，電子データによる保存は，①電子帳簿等保存（会計ソフトで作成した帳簿等を電子データのまま保存），②スキャナ保存（紙で受領・作成した領収書等の書類をスキャナにより画像データを保存），③電子取引（電子取引での取引情報を電子データで保存）の３つに区分されています。たとえば①について，電子データの真実性と可視性の確保が要件とされ，訂正・削除履歴や相互関連性，見読可能性，検索機能の確保や，関係書類等の備え付けが求められています。

この法律自体は1998年から施行されていましたが，要件が厳しく，あまり普及していませんでした。しかし，度重なる改正を経て要件が緩和され，使いやすいものへと変わってきています。

2022年１月１日施行の改正では，上記の①の区分で，税務署長の事前承認が不要となり，保存が可能な電子帳簿の要件も緩和されました。②の区分でも事前承認は不要となり，タイムスタンプ（電子データと時刻を組み合わせてデータが改ざんされていないことを示すスタンプ）の要件等が緩和されました。さらに，適正事務処理要件（相互牽制，定期的な検査等の社内規定整備等）も廃止されました。③の区分でもタイムスタンプ等の要件が緩和されています。

国税庁のホームページで，電子帳簿保存法関係の情報は，2022年１月１日施行の改正の解説も含めて公開されています。一度税理士とも相談し，検討することもよいでしょう。

Chapter 12

中期経営計画

スタートアップでも，１年分の予算を超えて，中長期の目標を見据えた経営計画の策定をすることは重要です。基本的な流れを見てみましょう。

12-1 中期経営計画とは

経営計画とは，会社の経営理念や経営ビジョンに基づき設定した目標に対してそれを実現するためのストーリーを描く計画であるといえます。この経営計画のうち特に3年～5年の計画を中期経営計画と呼びます。

中期経営計画の内容は会社によって異なります。経営理念，経営方針，目標，環境分析，経営戦略に，行動計画，売上計画，生産計画，投資計画，資金計画，人員計画，利益計画などの計画，3～5年間の数値計画としての貸借対照表，損益計算書，資金計画を加えたものとなります。

中期経営計画は，社内では，役員，各部門責任者，各担当者が会社の目標や課題について認識を共有し，全社一丸となって取り組むために用いられます。また，経営者等が経営状況を管理するためにも用いられます。会社の共有サーバーなどに置くことで，常に役員を含めた全社員が閲覧できる状況にしておきましょう。目標が目に見える場所に示されることで，従業員の認識も高まります。

中期経営計画は，対外的には投資家や金融機関からの資金調達の折に，会社の評価を決定するうえでの重要な資料として用いられるものです。また特に株式上場を目指す場合，上場審査（**14-1**参照）でその合理性，内容，進捗状況，将来の見通しなどが確認されることもある書類となります。

中期経営計画は，その期間中は基本的に修正しないという会社もありますが，スタートアップの場合は変化も激しいので，自社の状況や経済情勢に鑑みて1年ごとに見直すことがよいでしょう。

なお，策定した中期経営計画に基づき，1年分の予算作成方針を決め，Chapter 10で説明した予算を作成することになります。

中期経営計画の数値計画

■中期経営計画（期間3年間の場合，数値計画の例）

貸借対照表

	2022年3月期	2023年3月期	2024年3月期
現金預金	XXX	XXX	XXX
売掛金	XXX	XXX	XXX
棚卸資産	XXX	XXX	XXX
固定資産	XXX	XXX	XXX
その他	XXX	XXX	XXX
資産合計	XXX	XXX	XXX
買掛金	XXX	XXX	XXX
短期借入金	XXX	XXX	XXX
長期借入金	XXX	XXX	XXX
負債合計	XXX	XXX	XXX
資本金	XXX	XXX	XXX
資本剰余金	XXX	XXX	XXX
利益剰余金	XXX	XXX	XXX
新株予約権	XXX	XXX	XXX
純資産合計	XXX	XXX	XXX
負債・純資産合計	XXX	XXX	XXX

損益計算書

	2022年3月期	2023年3月期	2024年3月期
売上高	XXX	XXX	XXX
売上原価	XXX	XXX	XXX
売上総利益	XXX	XXX	XXX
販売費及び一般管理費	XXX	XXX	XXX
営業利益	XXX	XXX	XXX
営業外収益	XXX	XXX	XXX
営業外費用	XXX	XXX	XXX
経常利益	XXX	XXX	XXX
特別利益	XXX	XXX	XXX
特別損失	XXX	XXX	XXX
税引前当期純利益	XXX	XXX	XXX
法人税等	XXX	XXX	XXX
当期純利益	XXX	XXX	XXX

資金計画

	2022年3月期	2023年3月期	2024年3月期
期首残高	XXX	XXX	XXX
営業収支			
収入			
売上回収	XXX	XXX	XXX
支出			
仕入支払	XXX	XXX	XXX
給料支払	XXX	XXX	XXX
地代家賃支払	XXX	XXX	XXX
：			
営業収支計	XXX	XXX	XXX
投資収支			
収入			
配当金受取	XXX	XXX	XXX
支出			
備品購入	XXX	XXX	XXX
ソフトウェア購入	XXX	XXX	XXX
投資収支計	XXX	XXX	XXX
財務収支			
収入			
新規借入	XXX	XXX	XXX
増資	XXX	XXX	XXX
支出			
借入返済	XXX	XXX	XXX
支払利息	XXX	XXX	XXX
財務収支計	XXX	XXX	XXX
収入合計	XXX	XXX	XXX
支出合計	XXX	XXX	XXX
収支合計	XXX	XXX	XXX
期末残高	XXX	XXX	XXX

数値計画のほかに経営理念，経営方針などが記載される。公表されているさまざまな上場企業の中期経営計画も参考にしよう。

12-2 ストーリーと環境分析

中期経営計画の策定においては，その基盤となる経営理念や経営ビジョンが何かを確かめましょう。そしてその実現のためのシナリオと言えるストーリーを作成します。一貫したストーリーがあることで，計画の実現可能性に説得力が増します。経営目標を決め，その達成のための経営戦略を決定します。この戦略に基づき，各部門責任者は戦術を立てて，計画に記載します。これらを最終的に数字に落とし込みます。

ストーリーでポイントとなるのが，成長性があるか，独自性があるか，実現可能性があるかです。独自のもので，成長が描けるストーリーは，その読み手（資金提供者や株主，従業員）を惹きつけます。そしてそれが絵に描いた餅ではなく，実際に実現可能であることも求められます。このためには，外部環境，そして自社の事業の分析を行い，その結果と関連付けた根拠のあるストーリーとすることがよいでしょう。

分析にあたっては，市場環境，業界動向，競合他社，代替サービスや代替商品の成長，顧客の状況などの情報を収集します。これらに資金繰りの状況や設備投資の状況など，自社の状況も加えて，現在の状況と今後の見通しを分析します。このとき，内部環境と外部環境のプラス要因とマイナス要因を分析する「SWOT 分析」，業界環境を顧客，競合，自社に分けて分析する「3C 分析」，マーケティング戦略のための分析として商品・サービス，価格，販売場所，販売促進を分析する「4P 分析」といった手法があります。分析結果は，経営計画にも記載しておきましょう。これらの分析をふまえてマーケットを見定め，ビジネスモデルを確立し，ストーリーに落とし込みます。

さまざまな分析手法

■さまざまな分析手法の例（例：インターネット上でサービス提供を行う会社の場合）

○SWOT 分析例（スウォット分析と読みます）

	プラス要因	マイナス要因
内部環境	強み：当社独自のサービス	弱み：知名度が低い
外部環境	機会：競合他社がなくニーズを独占	脅威：大企業が当社の類似サービス展開検討中

Strength
Weakness
Opportunities
Threats
の頭文字から
「SWOT 分析」

○3C 分析例

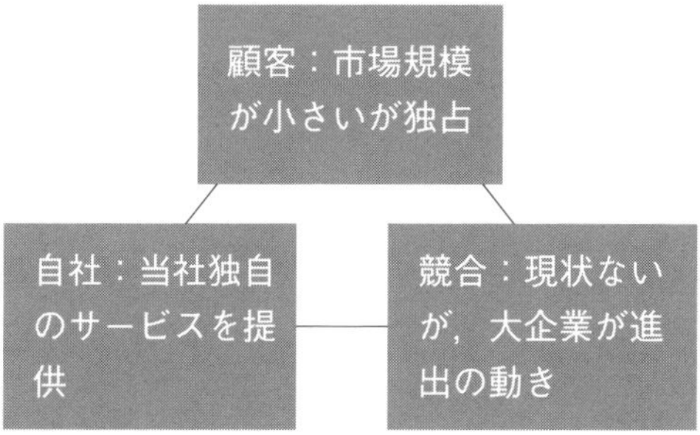

顧客：市場規模が小さいが独占

自社：当社独自のサービスを提供

競合：現状ないが，大企業が進出の動き

Customer
Company
Competitor の
頭文字から
「3C 分析」

○4P 分析例

商品・サービス	独自のサービスを展開
価格	手が出しやすい範囲
販売場所	インターネット上
販売促進	SNS 上が中心

Product
Price
Place
Promotion の
頭文字から
「4P 分析」

これらの分析は金融機関の融資担当者なども資金提供の際に行うこともある。自社で分析しておくとスムーズ。

Chapter 12

12-3 売上計画などの策定

ストーリーが固まったら，そこで定まった戦略と戦術を会計上の数値に落とし込みます。ベースとなる売上目標の設定が必要ですが，これにあたってはヒト，モノ，カネといった経営資源がどれだけあるかの考慮も必要です。売上計画をベースに，人員計画，投資計画，資金計画も相互に関連させ同時に計画を考える必要があります。

計画の策定の方法には，一般的にトップダウン方式（経営層が数値目標を立てて，それを各部門に配分）とボトムアップ方式（各部門別あるいは担当者別に計画を立てて，それを積み上げて合計）の2つがあります。両者を組み合わせて，経営層による目標設定に，現場からの積み上げを採用する方法が望ましいとも言われます。

売上計画の売上については，単価×数量などそれぞれの取引にあった方法で算定をしましょう。人員計画は，会社の人員政策や資金計画と整合するように策定します。投資計画では，特に新技術，新製品の開発をしているようなスタートアップでは，研究開発の計画との整合に気をつけます。そして，資金計画は，これらすべての計画の基本となります。営業活動（売上，仕入など会社の基盤の活動），投資活動（設備投資や貸付など），財務活動（資金調達や借入金返済など）の3つの区分に分けてお金の動きをまとめると，分かりやすいでしょう。

これらの計画が完成したら，それらをもとに数値計画として3～5年間の貸借対照表，損益計算書，資金計画を作成します（**12-1**図表参照）。このとき，経営理念や経営方針，環境分析や行動計画などと整合し，一貫したものとなっているか，確認をしましょう。

計画の策定方法と各計画の例

■トップダウン方式とボトムアップ方式

経営層

計画

従業員

トップダウン方式では，トップが目標とする金額を現場に配分。作成が簡単で一体感があるが，現場感覚から外れた非現実的な計画にならないように注意する。

ボトムアップ方式では，担当者ごと，取引ごとなどの個別の数字を積み上げで計画作成。現実的な計画になるが，目標より下回りがちなので，調整する必要がある。

■月次の売上計画，人員計画，投資計画の例

売上計画

	2022年４月	2022年５月	2022年６月
品目A	500,000	500,000	800,000
単価	1,000	1,000	800
数量	500	500	1,000
品目B	1,200,000	1,200,000	2,080,000
単価	2,000	2,000	1,600
数量	600	600	1,300
品目C	1,500,000	1,500,000	2,160,000
単価	3,000	3,000	2,400
数量	500	500	900

人員計画　　単位：人

	2022年４月	2022年５月	2022年６月
取締役	2	2	2
監査役	1	1	1
営業１部	4	5	5
営業２部	4	4	5
事務	2	2	2
開発	2	2	2

投資計画

	2022年４月	2022年５月	2022年６月
新店舗準備		500,000	
販売管理ソフト導入	100,000		
：			
合計	100,000	600,000	0

12-4 KPIの決定

KPIという言葉を聞いたことがある方も多いでしょう。KPIとは,「Key Performance Indicator」の頭文字をとった略称で,「重要業績評価指標」を表します。KPIは最終目標である業績との間の中間目標ということもできます。たとえば売上のKPIであれば，商品の利益率や，取引先数が，費用であれば売上原価率などが挙げられます。

KPIは，明確かつ具体的で，数字で計測可能，達成可能で，最終目標の業績と関連し，期限を定めたものと設定するとより効果が高まるとの考えもあります。商店の売上であれば「客単価×来店客数」と分解して，客単価，来店客数それぞれをどう高めるかを考えると具体的な対策も立てやすくなります。また，数字であることから責任者と担当者とで管理もしやすくなります。従業員の評価においても利用可能です。

KPIを決める際のポイントとしては，自分たちでコントロール可能なものか，実績を簡単に集計可能かも注意しましょう。外部の影響を強く受けるものを目標としたら，社内の努力で達成できません。集計に時間がかかるものを目標に設定すると，管理ができなくなってしまいます。各部門責任者，担当者と，どのようなKPIがふさわしいか，協議のうえで決めましょう。業務を理解しているほうが，適切なKPIを設定しやすいといえます。このとき，どのような情報が簡単に集計可能かの観点も含めて話し合うとよいでしょう。

KPIは，予算と同じく設定して終わりではなく，週次や月次などでしっかりと管理しましょう。時には，KPIの数値目標や，KPI項目自体の見直し，修正が必要になる点も認識しておきましょう。

KPIで意識したほうがよいこと，KPIの例

■ KPIで意識したほうがよいこと

具体的か	あいまいではなく，誰が見ても何を目指すべきかが明確に分かる言葉で表す。
数字で計測可能か	数字で定量化でき，目標達成への進捗が明確であるもの。
達成可能か	実現不可能なものではなく，現実的に達成可能であるもの。
目標と関連するか	最終目標である経営計画での業績目標に結び付くもの。
期限があるか	達成までの期限が明確であるもの。

■ KPIの例

売上のKPI	◯飲食店 客単価，来店客数，回転率など。 ◯不動産賃貸業 部屋数，空室率，平均家賃，成約件数など。 ◯サービス業 訪問件数，成約率，件数当たり単価など。
費用のKPI	◯小売業 売上原価率，売上高人件費率など。 ◯製造業 製造原価率，稼働率，リードタイムなど。
財務数値のKPI	売上債権回転率，棚卸資産回転率，仕入債務回転率，自己資本比率，流動比率，当座比率など。

コラム　予算見直し

経営計画は，１年分の予算に落とし込みます。そのうえで月次などで予実管理を行い，業績見込を作成します。１年間の間，基本的には予算は修正せずに，目標達成を目指せればよいのですが，場合によっては予算見直しが必要になることがあります。

コロナ禍では，それまで前提としていた経営環境が一変しました。このようなきわめて影響の大きな事象が期中に生じた際は，予算の見直しをする必要がないか，検討が必要になります。

スタートアップの場合は，特殊な事象がない場合でも，変化が大きく，見通しが難しいものです。急激な成長を遂げることもありますし，悪い事象が起きればその影響をまともに受けることもあります。予実管理と業績見込の結果，年度末まで時間がある状況で予算達成が現実的ではないと判断した場合には予算自体を見直すようにしましょう。早く決断できれば，それだけ早く会社として動き出せます。スタートアップの良いところは決断と動きが速いところです。役員が適切に迅速な判断ができるよう，経理担当者は迅速に適切な情報の報告を心がけましょう。

予算については，最初から複数の計画を策定しておくという会社もあります。実現可能性が低いものから高いものまで数パターンの計画を準備しておくというものです。社外の利害関係者には，達成できそうな低めの目標数値を示し，社内では従業員を鼓舞する意味でもハードルが高めの予算を目標とするということもよくあります。このような形で最初から予算に幅を持たせることで，何か起これば低めの目標に切り替えるということもできます。

Chapter 13

資本政策

成長を目指すスタートアップには，将来を見据えた資本政策をできるだけ早い段階から考えることが求められます。資本政策の基本を確認しておきましょう。

Chapter 13

13-1 資本政策とは

資本政策とは，会社が事業を遂行し，成長するうえで必要な資金調達を実現するための資本に関する施策をいいます。株式上場を目指すスタートアップでは，上場後の株式の流動性や株主構成を考えながら，資本を通じた資金調達をする必要があります。

資本政策を考えるにあたっては，中長期の経営計画がベースとなります。この計画をもとに，株式の上場をいつにするか，上場先の市場をどうするかを決めます。経営計画においては，資金が将来的にどの段階でどれだけ必要になるかが明らかになります。この計画が資本政策のもととなります。

資本政策は，上場準備のできるだけ早い段階から検討をしておくことがよいでしょう。増資等を実際に実行してしまうと，後からの修正が難しくなってくるためです。検討すべき事項としては，上場前にどこまで株式を発行するか，いつ増資するか，いつ株式を移動するか，誰を株主にするか，上場時の株主構成，オーナー株主の資産管理会社の設立，従業員持株会，役員や従業員へのインセンティブプラン（**13-5**参照）をどうするか，など多岐にわたります。このときは，将来の経営権を確保するための安定株主比率（経営者に賛成してくれる株主の比率）の維持が重要なポイントとなります。難しい問題であるため，基本的には経営層が証券会社やベンチャーキャピタルなどとよく相談しながら決定することがよいでしょう。

資本政策も経営計画と同様，必要に応じて見直しをしましょう。スタートアップの状況は常に変わりますので，何が最適な資本政策か，その都度よく協議しながら見直します。

資本政策の主な手法

■主な資本政策

手法	内容
株式譲渡・贈与	株式を譲渡，または贈与する。資金面と税金面の考慮が必要。
株主割当増資	既存株主に持株比率に応じて株式を割り当てる増資。持株比率は通常変わらない。
第三者割当増資	（通常は）少数の者（既存株主でもよい）に募集株式の割当をする。既存株主の持株比率が低下することがある。
新株予約権	行使することで株式の交付を受けられる。付与相手の持株比率の調整のため利用。
ストック・オプション	新株予約権のうち，労働の対価などとして付与するもの。役員や従業員等へのインセンティブプランとして用いる。
新株予約権付社債	新株予約権を付された社債。権利行使前は既存株主の持株比率を下げずに資金調達可能。
株式分割	資本金を変えずに，既存株式を細分化し，株式数を増加。株価を調節できる。
株式併合	株式分割の逆で，既存株式を併合。なお，１株未満株式が生ずる場合は，注意が必要。
種類株式	普通株式と，株式の権利内容が異なるもの。優先株式等。
資産管理会社	主に相続税対策と会社経営安定のため，多数の自社株式を保有する創業者向けに設立。
従業員持株会	従業員に対して自社株を保有させる制度。会社が作る持株会の会員に従業員がなる。

13-2 さまざまな出資者

スタートアップへの出資者は，ベンチャーキャピタル（VC），エンジェル投資家，事業会社やコーポレートベンチャーキャピタル（CVC）などが主となります。クラウドファンディングでの個人投資家からの出資も行われてきています。

ベンチャーキャピタルは，主に成長率の高いスタートアップなどに対して出資を行う投資会社，投資ファンドのことです。スタートアップに対して，ベンチャーキャピタルは出資だけでなく，経営支援も行います。会社の企業価値が向上することは，ベンチャーキャピタルにとっても投資回収の意味で望ましいことです。このため，人材の紹介や，経営ノウハウの提供も行ってくれる心強い味方となります。ただし，通常は投資契約書を締結するため，その条項を守らなければなりません。また，上場後には株式を早い段階で売却することが一般的であるため，安定株主比率の点でも注意が必要です。

エンジェル投資家は，スタートアップなどに資金を提供してくれる個人投資家です。自身が起業家であった人も多いようです。金額規模は少額なことが多いですが，特に起業当初など，スタートアップの大変な時期に手を差し伸べてくれる天使のような存在です。

コーポレートベンチャーキャピタル（CVC）は事業会社によるベンチャーキャピタルのような組織です。投資を本業としないものの，自社の事業とのシナジーを目的としてスタートアップに投資します。事業会社自体やCVCは，事業シナジーが主な目的となるため，VCと違って会社の上場にはそこまでこだわらない，というケースもあります。

さまざまな出資者

■主な出資者（創業者，社内の役員や従業員を除く）

種類	説明
知人	主に起業前の段階などに少額の出資をしてくれる。創業者の知人など。
ベンチャーキャピタル（VC）	主にスタートアップなどを投資先とする投資会社，投資ファンド。投資回収が目的であり，上場に向けた経営支援などもしてくれる。投資契約書の締結が必要。
エンジェル投資家	個人投資家で，主に起業前後などに比較的少額の出資をしてくれる。もともと起業家，実業家であった場合も多く，スタートアップの窮地を支えてくれる存在となる。
事業会社やコーポレートベンチャーキャピタル（CVC）	CVCは事業会社によるベンチャーキャピタルのような組織。事業シナジーが投資の主な目的で，必ずしも会社の上場を求めない。
個人投資家（株式投資型クラウドファンディング）	株式投資型クラウドファンディングを用いる場合，多数の個人投資家からクラウドファンディングを用いて少しずつ資金を集める。

一般社団法人ベンチャーエンタープライズセンターのホームページで公表されている「日本ベンチャーキャピタル等要覧」には多くのベンチャーキャピタルの情報が掲載されているため参考にしよう。

13-3 種類株式

スタートアップが株式を発行する場合は，普通の株式と権利が異なる株式を発行することも多くあります。権利内容が異なる株式を２種類以上発行した場合，その株式は「種類株式」と言われています。２種類以上であるため，たとえばすべての株式に等しく譲渡制限がついているだけの場合，それを種類株式とは言いません。種類株式は，会社法第108条１項で９種類が定められています。

スタートアップにおいて社外の第三者から出資を受ける場合，経営者の株式の持分比率は通常低下します。経営者の持分比率が，株主総会の議決権の３分の２超，さらには過半数を下回ると，株主総会の決議に基づく会社の意思決定が経営者だけではできなくなり，経営のスピードが遅くなる懸念があります。このような場合に備え，議決権に制限のある種類株式を活用して，資金調達はしつつも，経営者の議決権を確保することが有効です。また，配当や残余財産分配を優先的に受けられる株式であれば，投資家にとってはメリットがありますので，普通株式より株価を高く設定して引き受けてもらえる場合もあります。

上場する場合において，種類株式での上場は例外的で，普通株式での上場が一般的です。このため，種類株式を発行する場合は，対価を普通株式とした取得請求権を付けることが考えられます。あるいは逆に会社が必要に応じて株式を取得できるように，取得条項や，全部取得条項を付けておくこともあります。

種類株式も，各会社での発行の要否，発行する場合はその時期，内容，数量などを慎重に判断しましょう。

種類株式

■種類株式（会社法第108条１項より）

108条１項	種類	内容
第１号	剰余金配当	剰余金の配当金について，優先または劣後して受けることができる。
第２号	残余財産分配	会社の解散時，清算時に，負債を返した後に残る残余財産の分配を，他の株式に優先または劣後して受けられる。
第３号	議決権制限	株主総会で議決権を行使できる事項を制限する。
第４号	譲渡制限	株式を譲渡しようとするときに会社の承認を必要とする。
第５号	取得請求権	株主が会社に対して，株式の取得を請求できる。
第６号	取得条項	一定の事由が生じた場合に会社が株式を取得できる。
第７号	全部取得条項	株主総会の決議により，会社がその全部の株式を取得できる。
第８号	拒否権 No!	株主総会において決議すべき事項のうち，株主総会に加えて，この株式の種類株主総会の決議が必要となる。 「黄金株」と呼ばれることもある。
第９号	役員選任権	種類株主総会で，取締役や監査役を選任できる。

13-4 第三者割当増資

スタートアップの資金調達において代表的な方法の１つが，第三者割当増資です。しくみや手続を確認しましょう（会計処理は**5-2**参照）。

増資の方法には３つの種類があります。不特定多数のものに株式の割当をする公募増資，既存株主に持株比率に応じて株式の割当をする株主割当増資，そして特定の少数の第三者に対して株式の割当をする第三者割当増資です。公募増資は主に上場企業向けのもので，株主割当増資は，既存株主からの資金調達です。スタートアップでの新たな投資家からの資金調達には，第三者割当増資がよく使われます。

第三者割当増資の手続は，株主総会の特別決議から登記申請まで，会社法上での欠かせない手続があります。これには申込割当方式と，総数引受方式の２種類の方法がありますが，総数引受方式のほうが手続は簡便です。また，ベンチャーキャピタルが相手の場合などは，投資契約，株主間契約を締結することも一般的です。それぞれの契約書の内容，取締役会や株主総会での必要な手続，登記申請の流れについては，法的に問題ないように，必ず弁護士，司法書士などに確認を取りましょう。

第三者割当増資にあたっては，デュー・ディリジェンス（**14-3**参照）という，投資側による会社の価値やリスクなどの調査が行われたうえで，株価の算定が行われることがあります。この発行株価の算定方法には，通常，コストアプローチ（純資産の簿価や時価をベースに算定），マーケットアプローチ（似たような取引や会社での価格を参考に算定），インカムアプローチ（将来の利益などから算定）の３種類があります。これらは一概にどの方法がふさわしいというものでもありません。

第三者割当増資の手続

■第三者割当増資の手続例（申込割当方式，非公開会社で取締役会設置会社）

①株主総会招集の取締役会決議

株主総会招集について決議する。

②株主総会の招集通知の発送

臨時株主総会の場合もある。

募集株式の数の上限と払込金額の下限を定めて，募集事項の決定を取締役会に委任することもできる。

③株主総会の特別決議

新株の募集事項を決定する。

④第三者への募集事項等の通知

第三者に募集事項等の申込みを通知する。

⑤第三者から新株引受の申込み

第三者は，引受申込書を申込期間中に提出。

総数引受方式の場合，①や③などで契約の締結と募集事項を決議し，株式総数引受契約を締結することで，④，⑤，⑥，⑦の手続を省略できる。

⑥第三者への新株の割当についての取締役会決議

申込期間終了後，募集株式の割当先と，新株発行数を決定。

⑦第三者への割当の決定通知

第三者へ，決定された新株の割当の内容を通知。

⑧第三者からの払込

払込期日（払込期間中）に，第三者は払込を実施。

⑨変更登記の申請，登録免許税の支払

払込期日または払込期間の末日から2週間以内に，資本金等の変更について，募集事項の決議をした議事録など添付資料とともに変更登記を申請。

13-5 ストック・オプション

ストック・オプションは，会社に対して行使することで会社の株式の交付を受けることができる権利である新株予約権の一種です。主に役員や従業員に対して報酬として付与します。これを一定期間内に行使することで，事前に決められた権利行使価格で株式を買うことができます。株価が権利行使価格よりも高い時に行使すれば，割安で株式を購入でき，株価との差額が利益となります。

ストック・オプションは，インセンティブプラン（役員や従業員が利益を得られ，士気を高めるためのしくみ）として使われます。誰にどれだけ付与するかは，会社が決めます。全社に対して付与する場合もあれば，特定の管理職や役員など限られた対象に付与する場合もあります。しかし，誰にどれだけ付与するかにより，従業員が不公平感を感じ，かえって従業員のモチベーションを下げることもあります。付与対象者と付与数は，客観的で納得感のある基準により決めることがよいでしょう。

ストック・オプションの会計処理は**5-4**で説明しています。また付与においては，税制適格要件に注意する必要があります。税制適格要件を満たす場合は，ストック・オプションの権利行使時には課税されず，株式売却時にのみ課税されます。しかし要件を満たさない税制非適格ストック・オプションの場合，権利行使をして株式を購入した時点で，「株価が権利行使価格を上回るときの差額」に対して課税されてしまいます。

ストック・オプションは制度が複雑で難解ですし，税制非適格となってしまうなど，思っていた効果が表れないこともあります。専門家など外部のアドバイスを得ながら制度設計をするようにしましょう。

税制適格ストック・オプションの要件

■税制適格ストック・オプションの主な要件

要件	説明（他の要件は租税特別措置法第29条の２参照）
付与対象者	○会社の取締役，執行役，使用人（それらの相続人を含む。ただし大口株主および大口株主の特別関係者を除く） ○会社が議決権の50%超を保有する子会社の取締役，執行役，使用人（それらの相続人を含む。ただし大口株主および大口株主の特別関係者を除く） ○一定の要件を満たす社外高度人材（※）
発行形態，ストック・オプションの付与時の契約において定めるもの	○無償（金銭などの払込みをさせない）で発行されたものであること ○権利行使期間は，付与決議の日の後２年を経過した日から当該付与決議の日の後10年を経過するまで。 ○権利行使に係る権利行使価額の年間の合計額が1,200万円を超えないこと。 ○１株当たりの権利行使価額は，ストック・オプションの契約を締結したときの１株当たりの価額に相当する金額以上であること。 ○ストック・オプションの譲渡ができないこと。 ○付与決議での募集事項に反しないこと。

（※）2019年税制改正から。設立10年未満等でファンドからの出資を受けるなど要件を満たすスタートアップの，国内外の高度専門人材（プログラマー，エンジニア，弁護士等）へのストック・オプションの付与につき，税制優遇措置として加えられた。会社は高度な知識および技能を有する社外の人材を活用して，製品・サービスの開発などに貢献させ，新たな事業分野の開拓を行う事業計画を作成し，認定を受ける。詳細は経済産業省公表の「社外高度人材に対するストック・オプション税制の適用拡大」参照。

13-6 従業員持株会

従業員持株会は，会社の従業員による自社株式の取得，保有の促進をする制度です。会社が持株会を作り，従業員には会員になってもらいます。持株会は，会員の給与や賞与から天引きされた拠出金をもとに，株式を購入します。

通常，持株会は，民法上の組合として，社団法人日本証券業協会より公表されている，「持株制度に関するガイドライン」に則って設立と運営を行います。事務運営のサービスは，証券会社から提供されます。従業員持株会の運営には，従業員の同意も必要です。従業員に対しては説明会を開くなどして，制度の理解に努めましょう。

従業員持株会は，従業員の福利厚生の増進や，経営への参加意識を向上させることを目的としています。資本政策としては，安定株主を増やす効果もあります。

従業員へのインセンティブプランとしてはストック・オプションがよく使われます。ストック・オプションの場合は，従業員ごとの付与割合を会社が決定するため，自身への付与割合に不満が出る可能性もあります。従業員持株会の場合は，毎月の拠出金を従業員自身が選択することができますので，そうした不満が出にくくなります。また，制度自体もストック・オプションより分かりやすいものとなっています。

なお，従業員数が少ない企業では，拠出金が少なく制度導入が難しい場合があります。この場合は，従業員に直接株式を保有してもらうこともあります。このときは，退職時に株式の買い取りなどの取扱いを決めておくことがよいでしょう。

従業員持株会のしくみ，メリット

■従業員持株会のしくみ

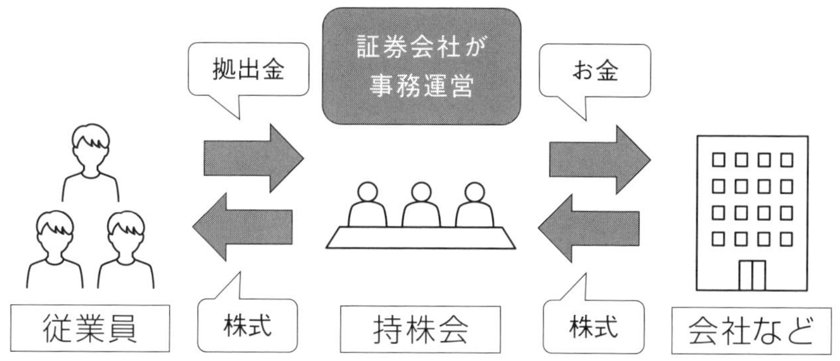

会社から，会員である従業員に対して，定時の拠出金に関して奨励金を付与することもできる。

■従業員持株会のメリット

会社側	従業員側
○従業員に経営参加意識を持ってもらうことができる。 ○福利厚生制度にできる。 ○安定株主になる。 ○個別に従業員に株式を保有してもらうより管理しやすい。	○奨励金をもらえる。 ○資産運用の手段となる。 ○上場が成功した場合には大きな利益を得られる。

ただし，従業員が実際にお金を出しているため，上場が延期した場合など状況が悪い場合は，逆に従業員からの不満が高まることもある。

コラム　資産管理会社

上場企業の中には，創業者が資産管理会社をもち，その会社が企業の大株主になっているところもあります。この資産管理会社は，スタートアップの資本政策の中でも検討の余地があるものです。

スタートアップの創業者（オーナーである株主）は，自身の資産管理会社を設立し，自分が所有する会社の株式の一部をこの会社に譲渡します。このとき，株式譲渡に伴う納税が生じることがあります。これにより，創業者は，会社の株式を直接保有ではなく，資産管理会社を通して間接的に保有することとなります。

資産管理会社のメリットはいくつかありますが，もっとも大きなものは創業者が死亡し，相続が発生したときにあります。創業者が死亡した場合，創業者の相続人は極めて多額の相続税を納める必要がある場合があります。このとき，手元にそれだけの現預金があるケースは少ないことから，相続した株式を売却して現預金を得ようとする場合があります。さらに，会社が多額の現預金を払い相続人から株式を買い取る場合もあります。

しかし，これでは株主構成が変わってしまいますし，会社の財政状況が悪化する可能性もあります。資産管理会社を設立すると，まず相続人の相続税が軽くなるという節税効果があります。それだけでなく，会社の株式は資産管理会社に残ったまま相続されるため，株主構成が変わらないということになります。

資産管理会社の設立は，上記のようなメリットもあれば，売却益への税率が高いなどデメリットもあります。いつのタイミングで設立するかも重要です。資本政策の１つとして，外部のアドバイスも受けながら，検討するのがよいでしょう。

Chapter 14

IPO と M&A

スタートアップの創業者にとって，EXIT は 1 つの目標であり，重要なものとなります。EXIT としての IPO と M&A のしくみの基本を確認しましょう。

Chapter 14

14-1 IPOと上場審査

スタートアップの起業家の多くはEXIT（エグジット）を1つの目標としています。EXITとは，創業者やベンチャーキャピタルなどの出資者たちがスタートアップへの投資について利益を回収することを意味します。EXITの代表的な2つの手法がIPOとM&Aです。

IPOとは，会社が株式を証券取引所（東証など）に上場し，投資家が広く株取引ができるようにすることを言います。これは，会社が未公開会社の状態から，きわめて多数の利害関係者を持つパブリックカンパニーへと変化することを意味します。このため，IPOを目指す会社には，より強い社会的責任を負えるだけの，より適切な企業内容の開示（ディスクロージャー）や，高いコンプライアンスが求められます。これを確かめるのが証券取引所の審査（上場審査）です。

上場審査の基準には，上場先の市場ごとに，「形式要件」と「実質審査基準」の2つがあります。形式要件は上場時の株主数，流通株式数，時価総額，事業継続年数や，企業内容の開示について問題がないこと，株券が円滑に流通するための要件など，一定の数値や事実を充足する必要があります。形式要件に適合した会社については，証券取引所が実質審査基準にもとづき質問や実地調査を行います。企業内容やリスク情報等の開示の適切性や企業経営の健全性などが判断項目です。

上場審査を無事終え，証券取引所で上場の承認が決定されると，その約1か月後に晴れて会社は上場します。しかし上場したらゴール，というわけではありません。上場後は，上場企業としての責任を果たしながら，パブリックカンパニーとして適切な会社運営が求められます。

上場のメリットとデメリット

■上場のメリット

①資金調達が円滑化，かつ多様化する
公募での増資や，新株予約権，新株予約権付社債など，幅広く，多額の資金調達が可能になり，財務状況も改善する。
②企業が社会的に信用されるようになり，知名度が向上する
取引先や銀行などからの信用力は大幅に高くなる。会社の知名度は向上し，人材採用においても優秀な人材が集まりやすくなる。
③社内の管理体制が充実し，従業員の士気が向上する
会社の情報は広く社会に公開され，第三者からのチェックを受けることとなる。これに対応するため，内部管理体制も充実することになる。また，パブリックカンパニーとなることで，役員や従業員の士気が高まることが期待される。

株主にとっては，株式の売買が容易になるというメリットがある。さらに，会社にメリットがもたらされることで会社経営の安定につながれば，会社への投資のリスクの低減になる。

■上場のデメリット

①開示などの義務が増える
企業内容の適時適切な開示など，新たな社会的責任や義務を負わなければならなくなる。事務量，管理コストも大きく増える。
②買収の脅威にさらされる
会社の株式が市場で買えるということは，敵対的買収の可能性も生まれることを意味する。

14-2 IPO と市場区分

上場企業の株式は，証券市場で売買取引が行われ流通します。この証券市場を管理するのが証券取引所です。日本には，多くの取引がなされる東京証券取引所（東証）のほか，名古屋・福岡・札幌証券取引所があります。各取引所はそれぞれ，基盤が確立された会社が上場する本則市場のほか，新興企業向け市場を有しています。IPO では，上場へのハードルが低い新興企業向け市場を目指すことが多いでしょう。

東証では，本則市場として東証一部・東証二部，新興企業向け市場としてはマザーズと JASDAQ（スタンダード市場とグロース市場）がありますが，これらの市場区分は，2022年 4 月に見直される予定です。新市場区分では，プライム市場（時価総額が大きくより高いガバナンス水準を備えた企業向け），スタンダード市場（一定の時価総額と基本的なガバナンス水準を備えた企業向け），グロース市場（高い成長可能性を有する企業向け）の 3 つに区分されます。新興市場向けと言えるグロース市場では，特に事業計画とその進捗，成長可能性に関する事項の適時・適切な開示が求められます。株式会社日本取引所グループのホームページで「市場構造の在り方等の検討」として情報が公開されているため確認しましょう。

なお，その他の市場として，東証には TOKYO PRO Market という市場もあります。この市場は，主にプロ投資家のみが参加し，上場に際して数値の基準がなく，J-adviser というアドバイザーとの契約が求められる点などが他の市場と異なります。また，国内ではなく，欧米やアジアなど，海外の証券取引所への上場も選択肢となるでしょう。

東証の市場区分

■東京証券取引所の市場区分見直し

○新興企業向け	⇒マザーズ，JASDAQ（スタンダード・グロース）
○本則市場	⇒市場第一部，市場第二部

2022年4月から新市場区分へ

グロース市場 新興企業向け	高い成長可能性を実現するため事業計画とその進捗が適時・適切に開示され一定の市場からの評価はある一方で，事業実績の観点では相対的にリスクの高い企業向け。
スタンダード市場	一定の時価総額と，上場企業としての基本的なガバナンス水準を備え，持続的な成長と中長期の企業価値向上にコミットする企業向け。
プライム市場	大きな規模の時価総額と，より高いガバナンス水準を備え，投資家との建設的な対話を中心に据えて持続的な成長と中長期の企業価値向上にコミットする企業向け。

効率化ポイント

グロース市場では特に「事業計画及び成長可能性に関する事項の開示」が求められます。株式会社日本取引所グループのホームページに公開されている「グロース市場における『事業計画及び成長可能性に関する事項』の開示について」で記載内容やポイント，他社の事例を確かめましょう。中期経営計画の策定においても参考になります。

14-3 IPO申請に向けた準備

IPOについて証券取引所の審査自体から上場までは数か月で終わるものですが，そのための準備は数年前から行う必要があります。通常は，株式を上場する期（申請期といいます）の3期前（直前々々期といいます）までには準備をスタートする必要があるといわれます。

上場申請に必要な書類の中に，「新規上場申請のための有価証券報告書（Ⅰの部）」というものがあり，これには上場の前2期間分（直前期，直前々期）の監査法人（または公認会計士）の監査報告書が添付されている必要があります。これは，上場企業が公開している会社の情報を記載した「有価証券報告書」の上場申請版ともいうべきもので，会社法の決算書である計算書類や事業報告よりも多くの情報の記載が必要となります。これに2期間分の監査報告書を受けるためには，直前々期の期首から監査法人の監査を受けなければなりません。また，それ以外にも，上場審査に耐えられるだけの内部管理体制を構築し，コンプライアンス上の問題を解決する必要があります。

このため，上場を目指す会社は，通常は直前々々期（上場申請の3期前）には主幹事証券会社（会社の上場申請を支援する中心的存在の証券会社）と監査法人を選定します。会社は主幹事証券会社やベンチャーキャピタルの支援を得ながら，内部管理体制を強固なものとします。

経理担当者には，経理業務について内部統制を整備，運用することが求められます。そして内部統制のもとで，監査法人による監査に対応しながら日々の経理業務を適切に進め，適正な開示書類を作成する必要があります。

IPO準備の関係者とスケジュール

■主幹事証券会社と監査法人

①主幹事証券会社
上場申請の支援業務を行う証券会社の中心。上場申請の準備段階で，会社に対して資本政策や，内部管理体制についての支援，助言をする。引受審査を行い，市場での公募・売出を引き受ける。
②監査法人（公認会計士）⇒経理担当者と話す機会も多い
Ⅰの部に記載される財務諸表等（貸借対照表，損益計算書，株主資本等変動計算書のほか，キャッシュフロー計算書も含まれる）について，金融商品取引法に準じた上場前2期分の監査報告書を提出する。会計制度の整備などについて，監査を通じた助言を行う。

■ IPOへのスケジュール例（申請期＝N期としてN－○期などともいう）

監査法人の棚卸立会

申請・上場

直前々々期以前	直前々期	直前期	申請期
N-3期以前	N-2期	N-1期	N期
監査法人と監査契約締結	監査対象期間	監査対象期間	上場会社として開示と監査
主幹事証券会社の選定	内部管理体制構築 証券会社の審査対応		上場審査

効率化ポイント

日本公認会計士協会が公表している「株式新規上場（IPO）のための事前準備ガイドブック～会計監査を受ける前に準備しておきたいポイント」には経理で準備すべきことがまとめられています。

14-4 内部統制報告制度

IPOを目指すうえでは，内部統制報告制度（J-SOX制度）という制度への対応が求められます。内部統制とは，会社の決算書などの財務報告の信頼性を確保するなどの目的のために会社内で決めて運用しているプロセスのことです。上場企業では，この内部統制のしくみが有効に整備され，運用されているかについて会社の経営者が評価し，有価証券報告書とともに「内部統制報告書」を作成し，公表しています。そしてこの報告書が適正かどうかについて，監査法人等が監査意見を表明します。

IPOでは，準備段階や上場申請では内部統制報告書の提出は不要ですが，上場後，基本的には最初の有価証券報告書の提出の際には内部統制報告書も提出することとなります。監査法人による監査意見も出されますが，一定規模より小さい新規上場会社はIPO後，3年間，内部統制報告書の監査を免除できるルールもあります（この場合でも，内部統制報告書の提出は必要です）。

特に経理担当者の業務は，ダイレクトに決算書の作成につながることもあり，重要なものになります。たとえば日々の仕訳計上の内部統制では，仕訳担当者が証憑から仕訳を入力したあと，上司や別の担当者は仕訳が正しいか証憑と照らし合わせて確認のうえで承認処理を行います。このようなしくみを組み合わせることで，仕訳が正しく計上され，適切な決算書の作成へとつながることとなります。このしくみが内部統制です。会社は内部統制について適切に整備されているか，運用されているかを評価します。その結果をふまえて，内部統制報告書が作成されます。

内部統制報告のスケジュールと評価対象

■ IPOにおける内部統制報告書制度のスケジュール

申請・上場

直前々期	直前期	申請期
N-2期	N-1期	N期
内部統制報告書は不要		内部統制報告書提出必要！

内部統制報告制度への対応
（構築/文書化/運用・評価）

資本金100億円未満かつ負債総額1,000億円未満の新規上場会社は，上場後３年間は内部統制報告書の監査が免除されるが，内部統制報告書自体は提出する！

■評価対象となる内部統制

全社的な内部統制	会社グループの財務報告全体に重要な影響を及ぼす内部統制。42個の項目をチェックリストなどで評価することが多い。
決算・財務報告プロセス	試算表や有価証券報告書などを作成するプロセス（主に経理が担当することとなる）。
その他の業務プロセス	決算・財務報告プロセス以外で重要なプロセス（たとえば売上や売掛金，棚卸資産など）。
ITの統制	IT，情報システムに関する統制で，全般統制と，業務処理統制とに分かれる。

14-5 M&A とは

M&A とは，企業の合併や買収のことをいいます。事業譲渡，株式取得（株式譲渡，増資引受），株式交換，合併や分割といった方法で，会社の支配権を移すことを言います。

日本において EXIT は IPO のほうが多いのですが，米国では大多数が M&A での EXIT となっています。M&A は IPO と比べて EXIT までにかかる時間が短く，また創業者などが株式を現金化するまでの期間も短くできるというメリットもあります。

M&A のプロセスでは会社は売却時期を検討のうえ，良いタイミングを見つけたら，仲介者に情報提供し，買手候補を探します。どこの会社に買収されるかは，会社の従業員など利害関係者に与える影響が極めて大きいため，十分な検討が必要です。買手を選定したら，守秘義務契約を締結したうえで，買収条件の基本合意を交わします。この合意には法的な拘束力がないため，買収が成立するかはまだ決まっていません。

このうえで，買手は会社に対してデュー・ディリジェンス（DD といいます）を行います。これは，会社の実態を適切に把握し，買収の適否や，買収価格の決定に関する情報を得るために行う調査のことです。財務，法務，ビジネス，税務などさまざまな分野ごとに調査を行い，買手は会社のリスクを把握します。なお，特に財務 DD については，経理担当者が質問回答，資料提供などの対応をする場合があります。

DD の結果に基づき，買手が買収する方向で決定したら，最終条件を交渉します。ここで合意して最終契約が締結したら，プロセスは完了し，クロージングを迎えることになります。

M&Aとは

■ EXITとしてのM&Aの主なメリット

①短期間で完了できる

IPOでは準備開始から上場まで数年かかるが，M&Aでは準備開始から数か月で完了することもできる。ただし，買手を見つけて交渉し，決断してもらう必要はある。

②決まった要件がない

IPOでは市場ごとの要件をクリアする必要があるが，M&Aでは決まった要件がない。IPOは難しいような業績の会社であっても，買手が対価に対して自社との相乗効果（シナジー効果）を十分に得られると判断すれば成立することもある。

■ M&Aの流れの例

①M&A準備，仲介者への情報提供

②買手企業の選定

③面談・交渉・買収の基本合意

④デュー・ディリジェンス（DD）実施

財務，法務，ビジネス，税務などの分野ごとに行われる。経理担当者は，特に財務DDにおいて，買手側のDD担当者からの質問や資料依頼などに対応する場合がある。

⑤最終条件の交渉

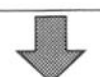

⑥最終契約書の締結

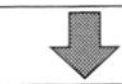

⑦クロージング

増資の際も，会社を評価するためにDDが行われる場合がある。

コラム　投資ラウンドとは

スタートアップの資金調達においては，会社の「投資ラウンド」という言葉がよく使われます。

投資ラウンドとは，投資家にとって投資先のステージのことを表します。会社の投資ラウンドは，会社がどのような状況にあるかを分かりやすく示します。これは，スタートアップへ投資する投資家として代表的なベンチャーキャピタル（VC）などがよく用います。投資家は，投資ラウンドから，その会社の置かれたステージを知ることができます。投資を受けるスタートアップにとっては，投資ラウンドごとに戦略を考えて資金調達をします。

投資ラウンドの分け方は画一的には決まっていませんが，下表のような5つの分け方がよくあるようです。

投資ラウンド	段　　階
シード	起業前。エンジェル投資家や，知人，シード専門VCなどから少額の投資を受ける。
アーリー	起業直後。赤字になりやすい時期。製品開発や製造，販売活動を始めた頃。
シリーズA（エクスパンション）	事業がスタートし生産および出荷を開始。在庫や顧客が増加。
シリーズB（グロース）	事業が軌道に乗り始めた成長期。数億円程度の多額の調達も。
シリーズC（レイター）	事業が安定した拡大期。IPOやM&Aなどエグジットに近づいた段階。

コラム 赤字を計上したら…

最終損益の赤字はできるだけ避けたいものです。一方で，スタートアップの場合は経営も不安定であり，また起業当初は投資が先行することもあって，赤字になることもあるでしょう。

しかし赤字になっても資金が続けば，すぐに倒産するものでもありません。特に中小企業の場合は，赤字の場合，法人税の節税効果が大きくなるという有利な点もあります。

法人税の申告で青色申告書を提出している会社は，その事業年度で生じた欠損金額を10年間（2018年４月１日より前に開始する事業年度に生じた欠損金額は９年間），繰り越すことができます。たとえばその年の欠損金控除前の所得金額200万円の場合で，繰越欠損金が300万円であれば，欠損金のうち200万円を損金に算入して所得金額をゼロにすることができます（ただし，中小企業以外の場合は，所得金額の50%までのみを損金に算入できます）。

また逆に中小企業は，欠損金額が生じた場合に，その欠損金額を事業年度開始の日前１年以内に開始した事業年度に繰り戻して，還付を受けることもできます。この制度は，中小企業以外でも，2020年２月１日から2022年１月31日までの間に終了する各事業年度で生じた欠損金額に適用されます（新型コロナ関連の特例）。

こうした節税効果を狙って，あえて赤字になる中小企業もあるようです。しかし，スタートアップは投資家や銀行から評価されることが多いもの。赤字会社への評価はより厳しいものとなります。節税にばかりとらわれずに，基本的には会社としての黒字化と成長を目指して頑張りましょう。

【参考文献】

『新規上場ガイドブック　マザーズ編　2020～2021』東京証券取引所

『IPO を目指す会社のための資本政策＋経営計画のポイント50』佐々木義孝　中央経済社

『IPO 実務検定試験公式テキスト　第５版』日本 IPO 実務検定協会　中央経済社

『会社法決算書の読み方・作り方（第15版）』EY 新日本有限責任監査法人　中央経済社

『財務デュー・ディリジェンスと企業価値評価』日本公認会計士協会東京会　清文社

『ケーススタディ・上場準備実務〔三訂版〕』EY 新日本有限責任監査法人　税務経理協会

『成功へのストーリーが見える，伝わる！事業計画書のつくり方――誰に（WHO）どんな価値を（WHAT）いかに提供するか（HOW）』三浦太　三笠書房

『会計知識ゼロからの　はじめての予算管理』梅澤真由美　日本能率協会マネジメントセンター

『リモート経理完全マニュアル――小さな会社にお金を残す87のノウハウ』井ノ上陽一　ダイヤモンド社

『いちばんわかりやすい　はじめての経理入門』柴山政行　成美堂出版

『オールカラー　はじめてでもすいすいわかる！経理「超」入門（１年目の教科書）』加藤幸人　ナツメ社

『経理の教科書１年生』宇田川敏正　新星出版社

『１時間でわかる　経理１年生のおしごと　スピードマスター』松田篤史　技術評論社

『書き込み式で　経理実務が身につく本　第17版』豊島正治　TAC 出版

【著者紹介】

新井　啓史

公認会計士

東京都出身。東京大学法学部卒業。公認会計士試験合格後，2006年より大手監査法人にて，メガバンクや地方銀行等の金融機関，信販業，IT 関連ベンチャー企業等の会計監査のほか，内部統制支援業務，受託業務に係る内部統制の保証業務等に従事。2019年 3 月からは環境系スタートアップにて監査役を務めている。共著に『現場の疑問に答える会計シリーズ⑥　Q&A 税効果会計の実務』（中央経済社）がある。

図解

スタートアップ企業の経理入門

2021年 9 月15日　第 1 版第 1 刷発行

著　者　新　井　啓　史
発行者　山　本　　継
発行所　㈱　中　央　経　済　社
発売元　㈱中央経済グループパブリッシング

〒101-0051　東京都千代田区神田神保町1-31-2
電話　03（3293）3371（編集代表）
03（3293）3381（営業代表）
https://www.chuokeizai.co.jp
印刷／昭和情報プロセス㈱
製本／㈲ 井 上 製 本 所

ISBN978-4-502-39711-0　C3034